Elie Wiesel

Worte wie Licht in der Nacht

Elie Wiesel

Worte wie Licht in der Nacht

Herausgegeben und eingeleitet
von Rudolf Walter

HERDER

FREIBURG · BASEL · WIEN

MIX
Papier aus verantwortungsvollen Quellen
FSC® C083411

www.herder.de

Umschlaggestaltung: Verlag Herder
Umschlagfoto: © Reuters

Satz: de·te·pe, Aalen
Herstellung: CPI books GmbH, Leck

Printed in Germany

ISBN 978-3-451-37762-4

Inhalt

Einleitung

Am Anfang steht meist eine Geschichte, wenn Elie Wiesel das Wort hat. »Einmal«, so erzählt er, »besuchte ein berühmter jüdischer Gelehrter, Rabbi Meir, seinen alten Lehrer Rabbi Jischmael. Der fragte ihn: ›Was ist dein Beruf geworden?‹ Rabbi Meir antwortete: ›Ich schreibe.‹ ›Du bist Schriftsteller?‹ sagte der weise Alte. ›Dann, mein Sohn, sei vorsichtig. Sei vorsichtig mit Wörtern. Wenn du einen einzigen Buchstaben weglässt oder hinzufügst, dann wird die ganze Welt zerstört.‹« Natürlich ist das eine maßlose Übertreibung, sagt der Schriftsteller Elie Wiesel. Aber sie bedeutet etwas. Worte haben eine schöpferische Kraft und eine zerstörerische. Sie können einem Menschen helfen oder ihn demütigen. Sie können töten oder den Mörder hindern. Angst und Hoffnung können an Sprache gebunden sein, Leben und Tod.

Dass Worte nicht folgenlos sind, zeigt die Geschichte. Es waren zum Beispiel nur wenige Jahre, sagt Elie Wiesel, die zwischen der Veröffentlichung von »Mein Kampf« und der Eröffnung des ersten Konzentrationslagers vergingen. Worte können beängstigend sein – wie die Nacht. Und sie können Befreiung bringen, Klarheit schaffen, Wärme spenden – wie Licht. Verzweifelte Finsternis und Lichtblicke der Hoffnung, den Sog des Dunklen und das strahlende Licht menschlicher Güte, beides hat der Friedensnobelpreisträger Elie Wiesel erlebt. Seine Biographie hat ihn zum Experten schrecklicher Ängste gemacht, aber auch zu einem großen Zeugen der Hoffnung.

Geboren wurde er in dem kleinen siebenbürgischen Städtchen Sighet, am Fuß der Karpaten. Den Geist des Chassidismus, mit dem seine Umgebung getränkt war, hat er früh und mit allen Sinnen eingesogen. Chassidische Frömmigkeit und chassidische Menschlichkeit (beides ist nicht voneinander zu trennen) prägen den kleinen Eliezer. Chassidismus: Das ist, nach Jahren der Verfolgung und der Mutlosigkeit, eine religiöse Erneuerungsbewegung im osteuropäischen Judentum seit dem achtzehnten Jahrhundert. Man versuchte die Hoffnung nicht nur zu beschwören, sondern zu leben. Freundschaft war das Heilmittel, das die großen Zaddikim, die religiösen Führergestalten, die den Glauben lebten und denen Gott antwortete, ihren eingeschüchterten und isolierten Anhängern empfahlen. In einer kalten und feindlichen Welt wurde die Verzweiflung erleichtert, wenn man sie gemeinsam ertrug. Freude und Freundschaft wurden zum religiösen Gebot. Vertrauen und Liebe sollten die Bedrohung leichter ertragen lassen. Der Glaube an Wunder wurde möglich, und auch der Glaube an den Menschen war groß. Denn in ihm begegnete Gott. Es war ein Gebot, auf den anderen zu hören: Der Mensch war »die Sprache Gottes«.

Aus dieser Welt wird Elie Wiesel als 14-Jähriger herausgerissen und in einem Viehwaggon nach Auschwitz transportiert. Im Gepäck hatte er seine frommen Bücher, seinen Gebetsschal, die Gebetsriemen. Sonst nichts. Er kam in eine perfekt organisierte und siebenfach verriegelte Hölle der Vernichtung. »Das Königreich der Nacht« nennt er dieses Lager unglaublicher Schrecken. Nichts mehr von dem zählte, was vorher wichtig war. Hass dominierte, Demütigung und Vernichtung.

Mit Hass darauf zu reagieren, das war für Elie Wiesel keine Lösung, als er 1945 aus Buchenwald befreit wurde, wo sein Vater vor Erschöpfung neben ihm gestorben war. Auch die Abwendung von Gott war für ihn keine Antwort. Es gibt keine abstrakten Antworten, keine theoretischen Lösungen für das, was er erfuhr. Er hat seine religiöse Tradition nicht über Bord geworfen, sondern gerade mit ihr seinen Fragen eine neue Dringlichkeit gegeben. Nach der Erfahrung des Bösen ist die Weisheit, die Frömmigkeit des Chassidismus nicht widerlegt. Im Gegenteil. Sie hat für ihn neues Gewicht bekommen. Diese Form der Menschlichkeit hat sich bewährt, auch »unten«, im »Reich der Nacht«. Aus dem Gedächtnis dieser Tradition ruft er immer wieder ins Bewusstsein: Der Mensch darf sich nicht an die Stelle Gottes setzen. Er wird sonst früher oder später zum tödlichen Feind des Menschen. Und: Der Mensch selbst ist mitverantwortlich für die Erlösung der Welt. Weil Gott überall, also auch im Leiden ist, deshalb dürfen wir nicht gleichgültig sein gegenüber den Leidenden. Wie wir mit dem Mitmenschen umgehen, sagt etwas darüber aus, welches Bild wir von Gott haben. An der rechten menschlichen Praxis werden wir gemessen.

In seiner Kindheit glaubte Elie Wiesel an die mystische Bedeutung des Schweigens und die magische Kraft der Worte. Er hat inzwischen die Perversion der Sprache und die andere Seite des Schweigens erfahren: das ohnmächtige Verstummen der Opfer, das tödliche Schweigen der Mörder und das gleichgültige passive der Zuschauer. Er ist Schriftsteller geworden und sagt doch immer, dass er das Eigentliche nicht in Worte fassen kann. Trotzdem setzt er seine Hoffnung auf das Wort, auf die verändernde Kraft der erinnernden Rede. Man darf nicht verdrängen, wozu der Mensch fähig ist. »Verdrängen hält die Erlösung auf. Erinnerung bringt sie näher«, so heißt ein zentraler Satz der chassidischen Tradition. Wie könnte man so wie vorher weiterleben, wenn uns jemand erzählt, der aus kurzer Distanz dem Wahnsinn, den Menschen verursachen, ins Auge gesehen hat. Erinnerung ist ein Stachel gegen Gewöhnung, gegen Gleichgültigkeit. Etwas, das war, kann sich wiederholen. Erinnerung schärft aus dem Wissen um die Folgen den Blick für die Unterscheidung von

Gut und Böse, erhöht die Wachsamkeit auch für die Zukunft, macht verantwortlich. »Verantwortung« ist ganz zentral für Elie Wiesel. Da Gott nicht am Menschen vorbei erreichbar ist, hat sie religiöse Bedeutung. Das ist keine weltflüchtige, keine geschichtsneutrale Frömmigkeit. Elie Wiesel wollte kein Politiker sein. Aber er hat sich immer eingemischt, sich gegen Mächtige zu Wort gemeldet, die Stimme der Schwachen zu Gehör gebracht.

Wenn man ihn fragte, wovor er Angst hat, dann war es vor allem dies: die Gleichgültigkeit der Menschen gegeneinander und gegenüber dem, was menschliches Leben lebenswert macht. Angst und Hoffnung liegen eng beieinander: Ausgangspunkt und Quelle ist immer der andere Mensch, der sich entweder verschließt oder sich öffnet. Ein Urerlebnis schilderte Elie Wiesel einmal: Am Tag, als die Polizisten in die Häuser von Sighet kamen und die jüdischen Bürger des kleinen Städtchens auf dem Marktplatz zusammentrieben, sah er aus dem gegenüberliegenden Fenster ein Gesicht: »Ein nichtssagendes, alltägliches, gelangweiltes Gesicht, das nie eine Leidenschaft bewegt hatte. Ich habe es lange beobachtet. Es sah hinaus, kein Mitleid spiegelte sich in seinen Zügen, weder Freude noch Schrecken, nicht einmal Zorn oder Neugierde. Regungslos, kühl, unpersönlich.« Menschen gehen in die »Nacht«, der unbeteiligte Blick des anderen verstärkte ihre Einsamkeit noch, macht sie noch düsterer.

Das Fenster, Bild der Öffnung, wird Zeichen der Abgrenzung. Erleuchtete Fenster in der Nacht, das kann auch ein Symbol der Geborgenheit und der Zuflucht sein, Zeichen der Errettung aus der Gefahr.

Alle Bilder, alle Worte sind doppeldeutig. Eindeutig werden sie erst durch uns.

»Worte wie Licht in der Nacht« – das meint auch, dass man die Macht des Dunkels zeichenhaft schon dadurch brechen kann, dass man ein Licht anzündet. Durch sein Wort, so sagt die Bibel, schuf Gott die Welt, durch das Wort schied er das Licht von der Finsternis. Auch an dieser schöpferischen und kritischen Aufgabe hat der Mensch teil. Jeder. Jeden Tag.

I

Unser Weg führt zum andern

Wo stehe ich?

In jener Zeit, in jener Welt meiner Kindheit erschien alles einfach. Die Menschen wurden geboren und starben, hofften oder verzweifelten, schützten die Liebe oder die Angst als Berufung oder als Schranke vor. Ich begriff manches, aber nicht alles, ich fand mich mit der Idee ab, dass für die wesentlichen Erfahrungen das Suchen bereits ein Sieg ist. Sogar wenn es keineswegs zum Ziele führt, bedeutet es einen Triumph. Es genügte mir zu wissen, dass irgendjemand die Antwort wusste; was ich dagegen suchte, war die Frage.
Unter diesem Aspekt sah ich den Menschen und seinen Platz in der Schöpfung. Es gehörte zu ihm, seine Umgebung zu befragen und so über sich hinauszuwachsen. Kein Zufall war es, sagte ich mir, dass die erste Frage in der Bibel die Frage Gottes an Adam war: »Wo bist du?« – Was? rief einmal ein großer chassidischer Meister, der Rabbi Schnëur Salman aus Ljady aus, Gott wusste nicht, wo sich Adam befand? Nein, so darf man diese Frage nicht stellen.

Gott wusste es, Adam aber nicht. Deshalb muss der Mensch immer danach trachten, dachte ich, seine Rolle in der Gesellschaft zu kennen, seinen Platz in der Geschichte. Seine Aufgabe ist es, sich jeden Tag die Frage zu stellen: Wo stehe ich im Hinblick auf Gott und auf den Nächsten?

Was meinem Leben Richtung gab 173f

Zu sagen: »Ich leide, daher bin ich«, heißt ein Menschenfeind werden. Es muss heißen: »Ich leide, daher bist du.« Camus sagte irgendwo: »Man muss Glück schaffen, um damit gegen die Welt des Unglücks zu protestieren. Ein Pfeil zeigt den Weg, den der Mensch einschlagen muss: er führt zum anderen und nicht durchs Absurde.«

Gezeiten des Schweigens 118

Jedes Wesen steht im Mittelpunkt der Schöpfung, jedes Wesen rechtfertigt die Schöpfung.

Geschichten gegen die Melancholie 128

Rabbi Israel Salanter sagte: Der Messias kann und wird warten: Beugen wir uns zuerst über das Kind, das Hunger hat, und über seine kranke Mutter und denken wir an seinen Vater, der der Verzweiflung nahe ist, weil er die beiden nicht ernähren kann.

Geschichten gegen die Melancholie 99

Ein Kind, das stirbt, wird zum Mittelpunkt der Welt: die Sterne und Gefilde sterben mit ihm.

Gezeiten des Schweigens 93f

Irgendwo habe ich einmal die Geschichte eines Mannes erzählt, der sich eines Tages in einer Zelle mit einem Verrückten wiederfindet. Nach einer Weile fühlt er, dass sein Verstand versagt. Er weiß, dass er ihn bald völlig verlieren wird. Wer dem Wahnsinn ausgesetzt ist, wird ihm erliegen. Und so fängt er, um nicht verrückt zu werden, damit an, seinen Zellennachbarn zu heilen.

Was die Tore des Himmels öffnet 16

Wer bist du?

Im Anfang ist der Mensch allein. Wie Gott. Als er die Augen öffnet, fragt er nicht, wer bin ich? Sondern, wer bist du?

Adam oder das Geheimnis des Anfangs 13

»Es ist nicht gut, dass der Mensch allein sei«, lautet die Überlegung Gottes. Ohne Eva wäre Adam ein Mensch, aber nicht menschlich gewesen. Vorher lastete die Einsamkeit schwer auf ihm, aber jetzt fehlt sie ihm. Vorher war ihm nicht bewusst, dass er allein war, aber jetzt macht er diese Erfahrung und wird fortan in einem Teufelskreis leben. Er fühlt sich zwar weniger allein, weil jemand da ist. Aber er fühlt sich in verstärktem Maße allein, weil er nun um seine Einsamkeit weiß. Eine Lösung für dieses Problem gibt es nicht.

Keiner ist allein wie Gott 113f

Die Einsamkeit, die notwendig und zerstörerisch zugleich ist, versichert mich meiner selbst und weist mich zurück: was wäre ich ohne sie, und was würde aus mir, wenn sie allein meinen Gesichtskreis beherrschte?

Die hundert Namen Gottes 112

Wenn ich »ich« sage, auf was oder vielmehr auf wen beziehe ich mich da? Jedes Nachdenken darüber geht gewissermaßen von einem Doppelwesen aus, das für eine derartige Reflexion unabdingbar ist. Wenn ich dieses oder jenes zu mir sage, stellt sich doch die Frage, wer von beiden bin ich denn: jener, der spricht, oder jener, der zuhört? Diese beiden Seiten meines Ichs sind wie durch eine Mauer voneinander getrennt. Sie könnte nur durch ein absolutes und unauslöschbares Bewusstsein überstiegen, vielleicht sogar überwunden werden. Das Ich auf jeder Mauerseite ist allein. Und gleichwohl ist jedes dieser beiden Ichs in der Einsamkeit des andern eingewurzelt. Das ist auch der Grund, weshalb eine bestimmte jüdische Tradition den Gebrauch des Ich im Singular verbietet. Nur Gott kann sagen: Ich.

Gott allein definiert sich in Bezug auf dieses Ich. Gott ist der einzige, der nicht das Verlangen hat, aus sich herauszutreten, um er selbst zu sein.

Die hundert Namen Gottes 115

Einsamkeit ist keine Lösung

Letztlich sind wir Fremde auf dieser Erde, und es liegt an uns, den Versuch zu wagen, es nicht zu sein.

Macht Gebete aus meinen Geschichten 90

Für einen Juden ruft der Fremde die Vorstellung von einer Welt hervor, die es zu bewohnen, zu verschönern, zu retten gilt. Man wartet ungeduldig auf ihn und heißt ihn willkommen, man ist ihm für seine Anwesenheit dankbar. Nach der Meinung unserer Weisen liegt die Größe Abrahams darin, dass er allen Vorüberziehenden, allen Fremden einen herzlichen Empfang bereitet, ob Engel oder Flüchtende kamen, er lud sie zu sich ein.

Macht Gebete aus meinen Geschichten 80

»Der Mensch ist nicht allein«, sagte der Baal-Schem zu seinem Gefährten Rabbi Pinchas von Korez. »Die Vergangenheit zählt, sie bevölkert unsere Einsamkeit. Du und ich, wir müssen uns ihrer bewusst sein, die anderen auch. Wir alle haben einst Frondienste geleistet in Ägypten, um die heilige Sprache zu bewahren, die Namen unserer Väter und das Gedenken an den Bund; wir alle saßen zu Füßen der Propheten, von denen wir die Lehre empfingen; wir alle sind Rabbi Jochanaan ben Sakkai ins Exil gefolgt, und wir alle lauschten den schrecklichen Worten Schimon bar Jochais. Und deshalb müssen wir vereint bleiben.«

Chassidische Feier 44

»Einsamkeit ist keine Lösung«, sagte Rabbi Elimelech. »Man muss allein denken, nicht allein leben.«

Chassidische Feier 120

Wir suchen alle nach einer Botschaft. Und manchmal blicken wir einer auf den andern, um die Botschaft zu finden.

Wer meine Legenden hört, stellt sein Leben in Frage

Liebt man, soll man sagen: Ich liebe dich. Ist einem nach Weinen zumute, soll man sagen: Ich muss weinen. Merkt man, dass das Leben zu schwer wird, soll man sagen: Ich möchte sterben. Es wird sich immer einer finden, der zuhört.

Gezeiten des Schweigens 116

Die wahren menschlichen Fragen stellen sich nicht auf dem Gipfel heiliger Berge, sondern in jeder Behausung, in der ein Mann und eine Frau eigenhändig den kommenden Tag formen, im Anblick des Schicksals, mit Liebe und Hingabe.

Die Pforten des Waldes 97

Kein Mensch hat die Mittel, die Nacht zu bekämpfen und zu bezwingen, wenn er in seinem Kampf nicht einen Mitmenschen zur Hilfe ruft: Zu zweit ist der Sieg möglich; allein verliert er seinen Sinn, seine Tragweite.

Die Pforten des Waldes 250f

Freundschaft ist Teilnahme

Was ist ein Freund? Mehr als ein Bruder, mehr als ein Vater, er ist etwas anderes: ein Weggenosse; mit ihm stellt man die Strecke wieder her, mit ihm versucht man das Unmögliche wiederzuerobern, bereit, es später zu opfern. Die Erfahrung der Freundschaft prägt ein Leben ebenso tief – ja tiefer – als die der Liebe. Die Liebe läuft Gefahr, in Besessenheit auszuarten, die Freundschaft bedeutet nie etwas anderes als Teilhabe. Das Erwachen der Begierde, die Geburt einer Vision, eines Schreckens, dergleichen vertraut man dem Freund an; die ersten Ängste vor der Flucht der Sonne, vor dem Fehlen von Ordnung und Gerechtigkeit, all das teilt man dem Freund mit: die Seele, ist sie unsterblich und wenn ja, warum dann die Angst, die uns untergräbt? Wenn Gott ist, wie kann man dann Anspruch auf Freiheit erheben, da Er ihr Ursprung und Ziel ist? Der Tod, was ist er eigentlich? Einfach das zweite Klammerzeichen? Und das Leben? Im Mund des Philosophen klingen diese Fragen häufig falsch, doch von der Jugend, von der Freundschaft gestellt, lösen sie eine Seinswandlung aus: Der Blick beginnt zu brennen, die Alltagsgebärde strebt ihrer Überwindung entgegen. Was ist ein Freund? Er ist derjenige, der dir zum ersten Mal deine und seine Einsamkeit bewusst macht und dir hilft, dich aus ihr zu lösen, damit du ihm deinerseits hilfst, sich aus der seinen zu lösen. Dank ihm darfst du schweigen, ohne dich schämen zu müssen, du darfst dich ihm eröffnen, ohne dich zu erniedrigen.

Lob der Freundschaft 38f

Ein volkstümliches Sprichwort sagt, dass Freundschaft sich erst in der Not bewährt; denn dann sind nur die wahren Freunde zur Stelle und zeigen Mitgefühl. Im Chassidismus sagt man das Gegenteil: Die wahren Freunde erkennt man im Glück, denn nur sie sind nicht eifersüchtig, wenn ihr euch freut.

Geschichten gegen die Melancholie 130f

Es sagte Rebbe Raphael von Barschad: »Unser Meister und Lehrer, Rebbe Pinchas von Koretz, lud mich einmal ein, mit ihm in seinem Wagen zu fahren. Leider war dort aber zu wenig Platz. – ›Mach dir nichts draus‹, sagte der Meister beruhigend. ›Lass uns gute Freunde sein, und es wird schon Platz geben.‹«

Lob der Freundschaft 52

Von der Freundschaft kann man dasselbe sagen, was ein großer chassidischer Meister, der Rabbi Mosche-Leib von Sassow, über die heilige Liebe sagte: »Wer den Funken finden will, muss ihn in der Asche suchen.«

Lob der Freundschaft 54

Wer liebt, liebt Gott

Simha erklärte einmal die Bibelstelle: Und deinen Nächsten sollst du lieben wie dich selbst; denn ich bin dein Herr und Gott: »Auf den ersten Blick«, sagte er, »ist der Satz schlecht gebaut. Wo ist der Zusammenhang zwischen Satzanfang und Satzende? Diese Frage hat sich bereits der große Rabbi Israel von Rižin gestellt und hat statt einer Antwort eine Geschichte erzählt. Im zaristischen Russland lebten zwei Juden, die sich ewige Freundschaft bis zum Tode geschworen hatten. Als der eine wegen subversiver Tätigkeit angeklagt wurde, hatte der andere nichts Eiligeres zu tun, als ihn von der Anklage reinzuwaschen, indem er die Verantwortung dafür auf sich nahm. Klar, dass sich dann beide im Gefängnis wiedertrafen. Die Richter waren völlig verwirrt und machten auch kein Hehl daraus. Wie konnten sie zwei Männer für ein und dasselbe Verbrechen verurteilen? Der Fall kam auch dem Zaren zu Ohren. Er befahl, ihm die beiden Juden vorzuführen, und sagte zu ihnen: ›Fürchtet nichts, ihr könnt versichert sein, dass ich euch die Freiheit schenken werde. Ich habe nur deshalb verlangt, euch zu sehen, weil ich den innigen Wunsch hatte, zwei Männern zu begegnen, die eine so tiefe Freundschaft füreinander hegen. Und jetzt‹, fügte der Zar noch hinzu, ›möchte ich euch um einen Gefallen bitten. Nehmt mich als Dritten auf in euren Bund.‹ Darin liegt die tiefe und wunderbare Bedeutung dieser Bibelstelle, sagte der Rabbi von Rižin, wenn zwei Menschen sich lieben, wird Gott zu ihrem Verbündeten.«

Der fünfte Sohn 48f

Wenn ihr nicht wisst, ob euer Tun richtig ist, dann fragt euch, ob ihr dadurch den Menschen näherkommt. Ist das nicht der Fall, dann wechselt schleunigst die Richtung; denn was euch den Menschen nicht näherbringt, entfernt euch von Gott.

Geschichten gegen die Melancholie 70

Nach dem Bescht hüllt die Liebe alle Wesen ein. Wer Gott liebt, liebt seine Schöpfung, sein Gesetz, sein Volk. Wer sein Volk liebt, liebt alle Völker. Wer liebt, liebt Gott.

Geschichten gegen die Melancholie 20

Der Bescht sagt auch: »Um den Menschen aus dem Schmutz zu ziehen, muss man selbst hineinsteigen.« Auch dieser schöne Ausspruch wird ihm zugeschrieben: »Ein kleiner Zaddik liebt die kleinen Sünder, ein großer Zaddik liebt die großen Sünder.«

Chassidische Feier 27

II

Pfade des Paradieses gehen durch dieses Leben

Das Leben lieben, trotz allem

Adams Suchen nach Wahrheit, nach Gerechtigkeit, nach Sinn steckt in jedem Menschen und macht ihn zu einem ewigen Zeitgenossen. Jeder von uns strebt nach einen Stück verlorenen Paradieses, nach einem Stück Unschuld, auch wenn sie verletzt oder lächerlich gemacht wird.

Adam oder das Geheimnis des Anfangs 17

»Der Mensch hat das Leben erhalten, um es zu leben«, sagte Rebbe Naphtali von Ropschitz gern. »Wer sein Leben verstümmelt, handelt genauso wie einer, der eine Quelle zuschüttet. Wer sein Leid freiwillig wählt, handelt so, als würde er ein seltenes und unersetzliches Geschenk zurückweisen. Die Pfade des Paradieses führen durch dieses unser Leben«, behauptete er.

Was die Tore des Himmels öffnet 116

Um Gott zu loben, muss man leben, sagte Rabbi David Leikes; um zu leben, muss man das Leben lieben, trotz allem.

Chassidische Feier 49

Rabbi Aharon von Karlin lehrte seine Schüler, das Leben zu lieben und dessen Gütern nicht zu entsagen. »Die Traurigkeit ist eine Sünde«, sagte er, »denn sie macht schwerfällig; dann verwandelt sie sich in Hass, in Selbsthass; wer jedoch sich selbst hasst, hasst schließlich auch seinen Nächsten.«

Chassidische Feier 86

Jenseits der Traurigkeit und noch unter der Verzweiflung – da ist Liebe, und dort wird es sie immer geben. Ohne eine solche Liebe, die sich stets selbst überschreiten will, wäre das Leben des Menschen nicht weniger tragisch, aber es wäre weniger erhaben – und deshalb auch leer und sinnlos.

Was die Tore des Himmels öffnet 68f

Wunschlose Betrachtung der Welt

Man stellte Rabbi Michal von Zloczow eine heikle Frage: »Ihr seid arm, Rabbi. Dennoch dankt Ihr jeden Tag Gott dafür, dass er für die Erfüllung Eurer Bedürfnisse sorgt; ist das nicht eine Lüge?«
»Keineswegs. Für mich ist die Armut ein Bedürfnis.«

Chassidische Feier 52

Im Festglanz erscheint die Welt denen, die sie wunschlos betrachten.

Was die Tore des Himmels öffnet 60

Rabbi Nachum von Tschernobil führte ein bescheidenes, strenges Leben.
»Ich liebe die Armut«, sagte er gutgelaunt. »Sie ist ein Geschenk Gottes an die Menschen. Ein wahrer Schatz. Und kostet nicht viel.«

Chassidische Feier 52

Leute brachten Geld zu Rabbi Pinchas von Koretz, und er verteilte es unter die Armen. Einmal bemerkte er: »Ich begehre nur, was ich schon besitze.« Wie einfach und wie weise: Es ist besser, zu begehren, was man hat, als zu haben, was man begehrt.

Was die Tore des Himmels öffnet 31

Ein Geschäftsmann beschwerte sich über einen Konkurrenten, der unmittelbar neben seinem Laden ein Geschäft eröffnet hatte.
»Was erwartest du von mir?« fragte Rabbi Meir. »Soll ich ihn fortjagen? Und wie wird er es schaffen, seine Kinder zu ernähren? Hör mal zu. Hast du jemals ein Pferd beobachtet, das in einer Waldlichtung aus einem Tümpel säuft? Es scharrt mit den Hufen. Und warum tut es das? Weil es seinen Schatten oder sein Bild im Wasser sieht und sich sagt: Was, hier gibt's noch ein anderes Pferd? Und will es verjagen. Deshalb scharrt es, aber durch dieses Scharren wühlt es den tiefen Schmutz auf, und das Wasser wird ungenießbar. Hör also auf, mit dem Fuß zu scharren. Trinke und lasse jeden

trinken, der Durst hat. Es gibt genug Wasser für alle Pferde dieser Welt.«

Geschichten gegen die Melancholie 106

Eines Tages besuchte Reb Baruch seinen Bruder, Reb Ephraim, und sah, welche Armut in diesem Haus herrschte. Reb Ephraim hatte Leuchter, die aus Lehm statt aus Silber gefertigt waren. »Sei nicht traurig«, sagte Reb Ephraim, »das Licht ist doch dasselbe.« Kurz darauf schenkte Reb Baruch seinem Bruder ein Paar silberne Kerzenleuchter. Als er ihn wieder einmal besuchte, konnte er sie nirgends entdecken.
»Wo sind sie?« wollte er wissen.
»Beim Pfandleiher«, antwortete Ephraim, »ich brauchte Geld.«
»Und das bedrückt dich nicht?« fragte Reb Baruch.
»Nein«, sagte der Bruder, »ich will dir sagen, warum. Es ist mir lieber, ich bin zu Hause und meine Silbersachen woanders, als umgekehrt.«

Was die Tore des Himmels öffnet 55

III

Das tiefste Geheimnis

Was wäre die Schöpfung ohne den Tod?

Was wäre das Meer ohne die Wellen, die es peitschen? Was das Leben ohne den Zorn, der es schüttelt? Und was wäre die Schöpfung Gottes ohne den Tod, was die Liebe ohne den Hass?«

Der fünfte Sohn 149

Ich wusste als Kind, dass Gott zugleich nahe und fern war, großmütig und streng und unerbittlich und milde zugleich. Ich wusste, dass ich zu seinem auserwählten Volke gehörte – auserwählt, um ihm durch das Leiden und gleichzeitig durch die Hoffnung zu dienen. Ich wusste, dass ich mich im Exil befand und dass das Exil total, universal, ja sogar komisch war. Ich wusste ebenso, dass das Exil nicht von Dauer sein, dass es sich in der Erlösung vollenden würde. Ich wusste so viel von so vielen Dingen. Ich wusste vor allem, wann ich mich freuen, wann ich

wehklagen musste: ich zog nur den Kalender
zu Rate, darin stand alles.
Jetzt jedoch weiß ich nichts mehr.

Was meinem Leben Richtung gab 174f

Ich gehöre einem Volke an, dessen Leiden so alt ist wie das Lied der Erde. Ich gehöre zu einem Volk, das die Erinnerung an das Leid wachhält, ich gehörte zu einem Volk, das sich mühte, das Leid zu mildern, es in seine Schranken zu weisen, es zu entwaffnen und es – soweit dies möglich ist – menschenwürdig zu machen.

Gott nach Auschwitz 21

Als Rabbi Jochanan, der Sohn des Sakkai, seinen Sohn verlor, kamen seine Schüler, um ihn zu trösten. Rabbi Elieser erinnerte ihn daran, dass dasselbe Unglück Adam getroffen habe, der seinen Schmerz zu überwinden wusste. Aber Rabbi Jochanan, Sohn des Sakkai, gab zurück: »Genügt mir der eigene Schmerz nicht, warum fügst du den Adams noch hinzu?« Rabbi Joschua erinnerte ihn dann an die Prüfungen Hiobs, der sich trösten ließ. Aber Rabbi Jochanan, Sohn des Sakkai, entgegnete: »Genügt mir mein eigener Schmerz nicht? Warum willst du den Hiobs noch dazugeben?« Rabbi Josse erinnerte ihn an die Tragödie des hohen Priesters Aaron, der sah, wie seine beiden Söhne umkamen und seine Schwermut zu bezwingen wusste und schwieg. Rabbi Jochanan, Sohn des Sakkai, erwiderte: »Ist meine eigene Qual nicht genug? Füge nicht die Aarons noch hinzu!«

Nein, Tragödien, die aufeinander folgen, heben sich deswegen nicht gegenseitig auf. Sie werden im Gegenteil durch die Addition nur noch ungerechter. Sicher, jeder Mensch leidet allein und ist allein in seinem Schmerz. Aber gleichzeitig leidet niemand allein, wenn er sich in seinem Schmerz mit einem anderen verbunden weiß. Leid kann nur Leid gebären, das noch härter, tiefer und spürbarer sein muss. Anders gesagt wird das Leid Hiobs, auch wenn es Ähnlichkeit mit dem Abrahams hat, es sogar widerspiegelt, dadurch doch nicht erklärt. Die Tatsache, dass die Qualen Hiobs schon einmal erlitten wurden, bedeutet nicht, dass sie auch einen Sinn haben. Hier unterscheidet sich die jüdische Tradition von der buddhistischen. Wenn das persönliche Leid im Leid des Kosmos aufgeht, ist damit das Problem nicht gelöst, sondern wird durch seine Universalität eher noch schwerer. Jedes Wesen stellt einen Anfang und ein Ende dar, deshalb verdient es eine Antwort und keinen Trost, es sie denn, der Trost enthalte in sich selbst eine Antwort.

Adam oder das Geheimnis des Anfangs 216f

Was uns hinter den Tränen erwartet

Wer eine Prüfung durchmacht, sagte der Rabbi, soll dem Allmächtigen dreimal danken: zuerst, weil Er ihm die Kraft gegeben hat, die Prüfung zu bestehen; sodann, weil Er sie hat enden lassen; und drittens soll er für die Prüfung selbst danken. Denn das Leiden enthält das Geheimnis der Schöpfung und sein Ewigkeitselement; man durchstößt es nur von innen. Es macht die einen besser und verklärt die anderen. Wie? Geheimnis. Am Ende des Leidens, am Ende des Geheimnisses – erwartet uns Gott. Und am Anfang? Es hängt nur vom Menschen ab, ob er auch am Anfang steht.

Die Pforten des Waldes 258f

Gott ist im Menschen, auch im Leiden, auch im Unglück, auch im Bösen. Gott ist überall und in jedem Wesen, nicht nur im Opfer. Gott steht nicht am Ende des Weges, nicht am Abschluss des Exils und wartet dort auf den Menschen, er begleitet ihn dorthin. Mehr noch: Er ist der Weg. Er ist das Exil. Gott hält die beiden Enden des Stricks, er ist an jedem Endpunkt gegenwärtig und ist jeweils der Endpunkt.

Adam oder das Geheimnis des Anfangs 133f

Pedro fragte: Kennst du die Geschichte von dem Possenreißer des Königs?«
»Nein, ich kenne sie nicht«, antwortete Michael.
»Eines Tages ließ der Königs einen Lieblingsnarren kommen und sagte zu ihm:
›Ich bin traurig. Ich will lachen. Mache mich lachen, sonst wirst du den nächsten Sonnenaufgang nicht erleben.‹ Von Entsetzen gepackt, vergaß der Possenreißer seine Kunst. Wie durch einen Fluch fiel ihm keine einzige Grimasse, kein einziger Tanzschritt, kein einziges Lied mehr ein, das sonst das Gelächter des Hofes entfesselt hatte. Wohl wissend, dass er verloren war, begann er hemmungslos zu schluchzen. Nun wissen die Hofnarren bekanntlich nicht, wie man weint. Ihre Tränen überzeugen niemanden. Man hält sie für falsch. So sah der Hofnarr beim Weinen so

komisch aus, dass der König sich auf seinen dicken Bauch schlug, während ein selbstgefälliges Lachen seiner Kehle entstieg.«

»Sie ist grausam, deine Geschichte«, sagte Michael.

»Alle Geschichten von Possenreißern sind es.«

»Bist du der Possenreißer, Menachem?«

»Vielleicht.«

»In diesem Fall ist der König Gott. Willst du Ihn zum Lachen bringen?«

»Gott ist der König, und ich bin nur ein Possenreißer. Freilich ist er kein König wie die anderen, und ich bin kein Possenreißer wie die anderen. Er will nur mit uns weinen. In uns. Darum müssen unsere Tränen rein und ganz bleiben. Ihre Quelle ist die des Lebens.«

»Und was ist hinter den Tränen? Weißt du es?«

»Ja, Gott. Gott erwartet uns hinter allen Dingen. Lass dich gehen, Freund, weine, und du wirst die Rinde des Daseins weniger dick, weniger hart finden.«

Gezeiten des Schweigens 164

Es ist unermesslich, sich in den Schmerz, in die Erinnerung einzuschließen wie in einen Kerker ohne Tür, ohne Luft. Das Leiden muss uns dem anderen gegenüber öffnen und ihn nicht zu einem Fremden machen. Der Talmud sagt, Gott leide mit dem Menschen: Warum? Um die Bande zwischen Schöpfung und Schöpfer zu stärken; gerade weil Gott den Menschen besser verstehen und besser von ihm verstanden werden will, wählt Er das Leiden. Du aber, du suchst allein zu leiden. Dieses Leiden verkleinert, vermindert dich, es grenzt an Grausamkeit.

Die Pforten des Waldes 232

Ein Schüler klagte Rabbi Menachem-Mendel sein Leid: »Ich komme aus Rižin. Dort ist alles klar, alles einfach. Ich betete, und ich wusste, dass ich lernte. Hier in Kozk geht alles durcheinander, verwirrt mich alles. Ich leide darunter, Rabbi. Es ist entsetzlich. Ich bin ratlos. Helft mir, dass ich wie früher beten und lernen kann. Nehmt diesen Kummer von mir.« Der Rabbi betrachtete sein weinendes Gegenüber: »Und wer sagt dir, dass Gott sich für deine Studien und für deine Gebete interessiert? Was ist, wenn Er deine Tränen und dein Leid vorzieht?«

Chassidische Feier 212f

Rabbi Wolf von Schitomir sagte: »Ich verstehe die sogenannten aufgeklärten Leute nicht, die in Glaubensdingen Antworten, endlose Antworten fordern. Für den, der glaubt, gibt es keine Frage; für den, der nicht glaubt, gibt es keine Antwort.«

Chassidische Feier 86

Der Bescht sagte: »Gott sieht, Gott blickt herab. Er ist in jedem Leben, in jedem Ding. Und alles zeugt von Seinem Willen. Er ist es, der entscheidet, wie oft das Blatt durch den Staub wirbelt, bevor der Wind es verweht.«

Chassidische Feier 20

Eine chassidische Geschichte: Es begab sich, dass ein Reisender seinen Weg im Wald verlor. Er wanderte und wanderte Tag und Nacht, ganz allein, voller Furcht und Müdigkeit. Plötzlich sah er ein Schloss, und er war außer sich vor Freude. Dann sah er, dass das Schloss brannte. Und er war voll Traurigkeit. Es muss wohl ein leeres Schloss sein, dachte der Wanderer. Doch dann hörte er eine Stimme rufen: »Helft mir, helft mir! Ich bin der Besitzer des Schlosses.«
Und der Rabbi von Kotsk, der diese Erzählung wiedergab, schlug mit seiner Faust auf den Tisch und rief: »Das Schloss steht in Flammen, der Wanderer ist verloren, der Wald brennt, aber der Besitzer ruft um Hilfe. Was heißt das alles? Es heißt doch, dass es einen Besitzer gibt.«
Auf uns bezogen, möchte ich die Geschichte frei nachsprechen und sagen: »Das Schloss steht in Flammen, der Wanderer ist verloren, der Wald brennt, die ganze Welt brennt, und wir sind doch drinnen, mitten im Feuer des brennenden Schlosses.«

Gott nach Auschwitz 49

Wenn der Mensch Herz und Seele den dunklen und faszinierenden Geheimnissen der Schöpfung öffnet, kann er – streng genommen – für den Schöpfer nur ein Gefühl des Mitleids haben: Mitleid mit dem Vater, der mit seinen Kindern leidet, weil sie leiden und manchmal durch ihn leiden müssen; Mitleid mit dem Richter, dessen Strenge das gewöhnliche Maß überschreitet; Mitleid mit dem König, dessen Krone so oft durch den Staub gezogen wird, dessen Wort kaum gehört und dann noch schlecht verstanden und falsch gedeutet wird; Mitleid mit dem Herrn, der überall und immerdar gegenwärtig ist, in jedem Ding, in jeder Tat, sogar im Schmerz, sogar im Bösen, sogar in der Not, sogar in seiner Abwesenheit, die die Menschenwesen martert. Und von diesen Menschen sind die einen Gefangenen der anderen, und alle sind sie Gefangene ihrer Einsamkeit.

Von der Kraft der sieben Einsamkeiten 112f

Das Geheimnis des Geheimnisses? Hören wir eine letzte Legende: Als Gott die Leiden seiner unter den Völkern zerstreuten Kinder sieht, vergießt Er zwei Tränen, die in den Ozean tropfen; beim Fallen machen diese Tränen einen solchen Lärm, dass man es von einem Ende der Welt zum anderen hört.
Ich lese diese Legende gerne immer wieder. Und ich sage mir: Gott hat sicher mehr als zwei Tränen in das Meer der Geschichte vergossen. Aber die Menschen sind vermutlich feige. Sie stellen sich taub.

Die hundert Namen Gottes 7

IV

Die ganze Schöpfung war verrückt

Gefangen in schwarzer, schweigender Nacht

Irgendwo gehen ein Vater und sein Sohn auf einen Altar zu, auf dem schon das Opferfeuer brennt. Irgendwo weiß ein verträumter Knabe, dass sein Vater unter den verborgenen Blicken Gottes sterben wird, irgendwo erinnert sich ein Erzähler und fühlt sich von einer uralten namenlosen Traurigkeit ergriffen und möchte weinen. Er sah Abraham und Isaak dem Tod entgegengehen, und der Engel, ganz damit beschäftigt, das Lob des Herrn zu singen, kam nicht, um sie der schwarzen und schweigenden Nacht zu entreißen.

Adam oder das Geheimnis des Anfangs 9

Ich bin am Ufer des Irrealen gelandet, in der Mitternachtslandschaft. Später habe ich erfahren, dass der Henker ein Romantiker ist, der vollkommene Inszenierungen liebt; die Hölle ist sein Bühnenbild und die Nacht sein Verbündeter.

Irgendwo begann ein Hund zu heulen, ein zweiter stimmte ein, ein dritter dann. Wir waren also im Reich der Hunde ... In der Ferne schlugen gelbe und rote Feuergarben, ausgespuckt von gewaltigen Fabrikschonsteinen, in die mondlose Nacht, als wollten sie den Himmel in Brand stecken ...
»Endstation! Alles aussteigen!« ...
Ich war jung und sträubte mich ganz einfach, meinen Augen und Ohren zu glauben. Ich sagte mir: »Wir leben mitten im zwanzigsten Jahrhundert, man verbrennt keine Juden mehr wie im Mittelalter, die zivilisierte Welt würde es nicht zulassen.« Ich fragte meinen Vater, der mit hängendem Kopf neben mir ging:
»Das Mittelalter ist doch hinter uns, nicht wahr, Vater? ...«
Er antwortete nicht.
Und wir zogen weiter, dem Unbekannten entgegen ...
Ich fragte meinen Vater:
»Was denkst du hierüber?«
Diesmal antwortete er mir:
»Denken hilft uns nicht mehr weiter.«

Gesang der Toten 154ff

Nie werde ich diese Nacht vergessen, die erste Nacht im Lager, die aus meinem Leben eine siebenmal verriegelte lange Nacht gemacht hat.
Nie werde ich diesen Rauch vergessen.
Nie werde ich die kleinen Gesichter der Kinder vergessen, deren Körper vor meinen Augen als Spiralen zum blauen Himmel aufstiegen.
Nie werde ich die Flammen vergessen, die meinen Glauben für immer verzehrten.
Nie werde ich das nächtliche Schweigen vergessen, das mich in alle Ewigkeit um die Lust am Leben gebracht hat.
Nie werde ich die Augenblicke vergessen, die meinen Gott und meine Seele mordeten, und meine Träume, die das Antlitz der Wüste annahmen.
Nie werde ich das vergessen, und wenn ich dazu verurteilt wäre, so lange wie Gott zu leben. Nie.

Die Nacht zu begraben Elischa 56

Treblinka hat alle Antworten getötet. Das Reich der Stacheldrahtverhaue wird für immer ein riesiges Fragezeichen bleiben. Man begreift es nicht mit Gott. Und man versteht es nicht ohne ihn. Angesichts einer beispiellosen Summe von Leid hätte Er handeln oder sich doch zumindest äußern müssen. Ich räume ein, dass Sein unendliches Erbarmen auch unsere Qual einschloss und ihr damit eine Dimension verlieh, die nur Er geben konnte. Aber auf welcher Seite stand Er? Nur auf der der Opfer? Sah Er sich nicht als Vater aller Menschen? Und in dieser Rolle schlägt Er uns Wunden und wühlt uns im Innersten auf. Wie sollte man nicht einen Vater beklagen, der sieht, wie seine Kinder von Mördern hingeschlachtet werden, die doch auch seine Kinder sind?

Die hundert Namen Gottes 73

Vielleicht müssen wir weinen lernen

War es ein göttlicher Wahnsinn, oder ein menschlicher Wahnsinn, oder ist die Geschichte wahnsinnig geworden? Was ist geschehen? Ich kann den Mörder nicht verstehen. Ich kann die Zuschauer nicht verstehen, die unbeteiligten, passiven Zuschauer. Wie kommt es, dass es so wenige gab, die den Mut hatten, sich darum zu kümmern. O ich weiß, dass es gefährlich war, aber der Krieg ist gefährlich, der Krieg ist das übelste Abenteuer, das in der Geschichte geschaffen wurde. Wie ist es möglich, dass nicht mehr Leute, Männer oder Frauen, Bauern oder Arbeiter oder Kaufleute, die Tür geöffnet haben und gesagt: Bitte, kommt herein! Natürlich waren sie in Gefahr, wenn sie versuchen wollten zu helfen.

Nach Auschwitz haben die Worte ihre Unschuld verloren

Sie hatten alle göttlichen Eigenschaften, diese ungarischen Polizeihunde, sie sahen alles, nichts vermochte ihnen zu widerstehen. Man hatte auf einen Schlag viertausend Jahre zurückgeschraubt. Der Gott, der die Welt regierte und ihr Schicksal bestimmte, war ein Tier, ein Polizeihund.

Die Pforten des Waldes 61

Mein Glaube an das Leben war mit Asche bedeckt. Mein Glaube an den Menschen war voller Hohn, war kindisch und steril. Mein Glaube an Gott erschüttert. Dinge und Wörter hatten ihre Bedeutung, hatten ihre Achse verloren. Ein Bild aus der Kabbala beschrieb mir meinen damaligen Seelenzustand: Die ganze Schöpfung hatte sich von ihrem Mittelpunkt verrückt, um in die Verbannung zu gehen. Auf wen sollte ich mich stützen, woran mich klammern?

Was meinem Leben Richtung gab 179

Ein Freund im besten Mannesalter las eine Nacht hindurch die Berichte über die Menschenopfer im Warschauer Ghetto; am Morgen sah er in den Spiegel, und erblickte einen Fremden: Seine Haare waren weiß geworden. Ein anderer verlor nicht seine Jugend, sondern den Verstand. Er tauchte in die Vergangenheit ein, und dort ist er noch immer. Ab und zu besuche ich ihn im Krankenhaus – wir sehen uns an, und wir schweigen. Eines Tages raffte er sich auf und sagte:
»Vielleicht müssen wir weinen lernen.«

Gesang der Toten 161

Verrückte Botschaften

»Ja, Pedro«, sagte ich. »Sie waren verrückt. In jenen Jahren neunzehnhundertunddreiundvierzig, neunzehnhundertundvierundvierzig, da musste man verrückt sein, um an die Macht des Menschen über sein Schicksal zu glauben, um die Möglichkeit der Erlösung, des Trostes in Betracht ziehen zu können; man musste den Verstand verloren oder geopfert haben, um an Gott zu glauben, um an den Menschen zu glauben, um an eine Versöhnung zwischen beiden zu glauben. Ja, Pedro. Sie waren verrückt, sage ich dir. Vollständig verrückt waren sie.«

Gezeiten des Schweigens 50

In den Zeiten, in denen wir leben, sind die Verrückten unsere einzigen Verbündeten. Sie töten uns nicht im Namen der Vernunft oder des Glaubens. Sie stehen auf unserer Seite. Sie lassen sich töten ... Die Verrückten sind nur irrende Boten, ohne welche die Welt keinen einzigen Tag bestehen könnte. Ohne sie würden wir nicht einmal der Überraschung fähig sein: Sie überraschen sogar den Schöpfer, denn sie entwischen Ihm und haben Erbarmen mit Ihm. Und ihre Sendung auf Erden? Uns zu überzeugen, dass wir nicht zu zählen verstehen, dass die Zahlen uns ködern, dass wir in ihre Fallen gehen. Hörst du mich?

Die Pforten des Waldes 21f

»Moische weinte, wenn er sang. Warum? Wenn er schwieg, lachte er. Warum?«
Um das zu erklären, musste ich einen Ausspruch des berühmten Verfassers des abwandeln: »Wenn Moische sang, brach ihm das Herz; deshalb weinte er. Schwieg er aber, dachte er an jene uralte Wahrheit, dass nichts auf der Welt so ganz ist wie ein gebrochenes Herz. Deshalb lachte er.«
Pedro maß mich vom Kopf bis zu den Füßen und sagte: »Du hast Glück, ihm begegnet zu sein. Schade, dass er tot ist.«
»Ja, schade. Aber er hatte keine Angst vor dem Sterben. Ich bin überzeugt, dass er singend in den Tod gegangen ist, dass er seinen Gesang

in die andere Welt mitgenommen hat. Und seinen Wahnsinn obendrein. Gott liebt die Wahnsinnigen. Sie sind die Einzigen, die Ihm nahen dürfen.«

Gezeiten des Schweigens 21

»Lästern Sie nicht Gott«, sagte er singend. »Nicht alles ist Wahnsinn. Gott ist nicht Wahnsinn. Was wissen wir von Gott und dem Wahnsinn? Oder vom Urbeginn der Schöpfung? Unsere Kenntnis ist beschränkt, negativ. Als Gott Hiob fragte: ›Wo warst du, als ich Himmel und Erde gemacht habe?‹, wusste Hiob nicht, was er antworten sollte. Er ergab sich. Richtiger gesagt: er legte seine Vernunft in Gottes Hände zurück, damit der Widerschein sich wieder mit seiner Lichtquelle vereinige. Vertrauen Sie daher Ihre Intelligenz Gott an: Er wird sie Ihnen unbeschadet, wenn nicht reiner, tiefer zurückgeben.«

Gezeiten des Schweigens 134

»Du«, sagte er, »du weißt gar nichts. Du bist zu klein. Zu jung. Ich, ich weiß was. Ich bin verrückt, und in dieser Welt wissen nur die Verrückten etwas. Sie wissen, dass alles falsch ist. Der Wein ist falsch, das Herz ist falsch, die Tränen sind falsch. Vielleicht sind auch die Verrückten falsch.«

Gezeiten des Schweigens 17

V

Der Schatten des Menschen

Schwäche der Starken und Stärke der Schwachen

Die Legende berichtet, der Mensch habe eines Tages folgendermaßen zu Gott gesprochen: »Lass uns die Rollen vertauschen. Sei du Mensch, und ich will Gott sein. Nur eine Sekunde lang.«
Gott lächelte sanft und fragte: »Hast du keine Angst?«
»Nein. Und du?«
»Ich habe Angst«, sagte Gott. Trotzdem gab Er dem Wunsch des Menschen nach und wurde Mensch. Dieser nahm den Platz Gottes ein und machte unverzüglich von seiner Allmacht Gebrauch: Er weigerte sich, an seinen vorigen Platz zurückzukehren. Daher waren weder Gott noch der Mensch mehr das, was sie zu sein schienen.
Jahre vergingen, Jahrhunderte, vielleicht auch Ewigkeiten. Und dann plötzlich war das Drama da. Die Vergangenheit war für den einen, die Gegenwart für den anderen eine zu große Last. Da aber die Befreiung des einen an die des

anderen geknüpft war, nahmen sie ihre Zwiesprache wieder auf, deren Echo in der Nacht zu uns dringt, voll von Hass, von Reue und vor allem von unendlicher Sehnsucht.

Gezeiten des Schweigens 176

»Sprichst du gerne von Gott?«

»Du weißt doch, dass ich's gerne tue.«

»Dann los, Pedro, los. Sprich mit mir von Gott.«

»Gott, kleiner Bruder, ist die Schwäche der Starken und die Stärke der Schwachen.«

»Und vom Menschen, Pedro? Sprichst du auch gerne vom Menschen?«

»Du weißt doch, dass ich's gerne tue.«

»Also sprich mir vom Menschen.«

»Der Mensch ist die Stärke Gottes. Und auch seine Schwäche.«

Gezeiten des Schweigens 11

Gott ist Gott, und der Mensch ist nur sein Werkzeug, aber Gott braucht den Menschen, um sich zu offenbaren, ebenso wie der Mensch Gott braucht, um zu dieser Erkenntnis zu gelangen.

Adam oder das Geheimnis des Anfangs 23

Zwei Fremde, zwei Freunde

Gott wohnt als Fremder in seiner eigenen Schöpfung. Eines Tages sagte Reb Baruch zu seinen Schülern: »Stellt euch einen Menschen vor, den man aus seiner Heimat vertrieben hat. Er kommt an einen Ort, wo er keine Freunde hat, keine Verwandten. Sitten und Sprache des Landes sind ihm nicht vertraut. Natürlich fühlt er sich allein, schrecklich allein. Plötzlich sieht er einen anderen Fremden, der auch niemanden kennt, an den er sich wenden könnte, der auch nicht weiß, wohin er gehen könnte. Die beiden Fremden treffen sich und lernen sich kennen. Sie unterhalten sich und gehen eine Zeit lang den Weg gemeinsam. Mit ein wenig Glück könnten sie sogar gute Freund werden. Das ist die Wahrheit über Gott und den Menschen: Zwei Fremde, die versuchen, Freundschaft zu schließen.«

Was die Tore des Himmels öffnet 56f

Rebbe Raphael erinnerte sich auch daran:
Rebbe Pinchas sprach gern über Freundschaft. Häufig nannte er Gott – gelobt sei Er und gelobt sei Sein Name – einen Freund, einen wahren Freund. Und wenn er so von ihm sprach, tat er es mit feurigem Herzen ... Nähe unter Freunden, das war also ein Gebot, mit religiösem Gewicht.

Lob der sieben Tröstungen 52

Es gibt eine Beziehung zwischen der Einsamkeit Gottes und der Einsamkeit des Menschen. Man muss allein sein, um Gott zu hören und zu fühlen und auch um gegen ihn zu kämpfen, denn Gott wendet sich nur dem zu, der bedroht, und dem, der durch die Einsamkeit geschützt ist. Wenn Gott es vorzieht, sich im Traum an seine Erwählten zu wenden, so deshalb, weil der Mensch dann allein und kein fremdes Wesen da ist, das ihn ablenkt.
Aber die Einsamkeit enthält auch ihr Stück Gefahr, gerade deshalb, weil sie in Gott mündet. Wer ihm begegnet, ist unwiderruflich zu einer anderen Einsamkeit verdammt. Hier bedeutet Erwählung kein Privileg, sondern

> Würde und Verpflichtung. bedeutet: Niemand wird mein Gesicht sehen und leben wie vorher. Aus dem Kampf mit Gott wird Jakob als Sieger, aber hinkend hervorgehen, er wird nicht mehr derselbe sein.
>
> Adam oder das Geheimnis des Anfangs 127

Michael fragt: »Meister, ich will endlich Gott kennenlernen, ich will ihn aus seinem Versteck locken!« Der Meister antwortet freundlich, ohne Zorn, mit sanfter klarer Stimme: »Du bist anmaßend, mein Sohn. Du willst Gott kennen: Kennst du dich denn schon selbst?« Michael antwortet: »Noch nicht, Meister. Noch nicht. Aber das wird nicht mehr lange dauern. Ich fühle es. Noch einen Tag, noch zwei, drei Tage, und ich werde mich selbst kennen. Nehmen Sie mir's nicht übel, Meister: Ich werde auch Gott, das Unbekannte kennen. In der Gefangenschaft, in der Folter wird der Mensch mächtig, allmächtig. Er macht sich zu Gott. Das Geheimnis lautet: Gott ist in Gefangenschaft.« Nun heftet der Meister auf ihn seinen sanften, traurigen Blick, in dem ein geheimnisvolles orangefarbenes Licht schimmert, und sagt:

»Vielleicht hast du recht. Heutzutage wissen die Schüler mehr, sie wissen es besser als ihre Lehrer. Ja, Gott ist in Gefangenschaft. Und der Mensch hat die Aufgabe, ihn zu befreien. Das ist das seit der Schöpfung behütete Geheimnis.« Michael will aber noch mehr darüber erfahren: »Kommen deshalb so viele gerechte Männer ins Gefängnis?« – »Das ist einer der Gründe.« Michael ist aber noch nicht befriedigt: »Und die Diebe? Die Mörder? Die Verräter? Warum kommen sie ins Gefängnis? Wissen sie womöglich auch, dass Gott hinter Schloss und Riegel sitzt?« Der Meister bewegt zustimmend seinen vergilbten Bart: »Sie wissen es. Deshalb kommen sie ins Gefängnis. Um ihn zu ermorden.«

Gezeiten des Schweigens 12f

Gott schickt niemanden ins Gefängnis: Er geht selber hin.

Gezeiten des Schweigens 134

Jeder Mensch, der sich für Gott hält, tötet am Ende Menschen.

Adam oder das Geheimnis des Anfangs 65

Die Sprache Gottes: der Mensch

Wer Gott liebt und Seine Schöpfung hasst oder verachtet, wird schließlich auch Gott hassen.

Chassidische Feier 39

»Gott ist der Schatten des Menschen« – der Baal-Schem kommentierte diesen Satz folgendermaßen: Genauso, wie der Schatten den Gesten und Bewegungen des Körpers folgt, folgt Gott den Regungen der Seele. Wenn der Mensch barmherzig ist, wird Gott es auch sein. Das Geheimnis des Menschen heißt Gott, und Gottes Geheimnis hat keinen anderen Namen als den vom Menschen dafür erfundenen: Liebe. Wer liebt, liebt Gott.

Chassidische Feier 38

Und hier der schönste Ausspruch des Rabbi Menachem-Mendel von Witebsk:
»Der Mensch ist die Sprache Gottes.«

Chassidische Feier 85

VI

Gott liebt, die ihm die Stirn bieten

Hiob, unser Zeitgenosse

Es war einmal in einem fernen Land ein sagenhafter, gerechter und großherziger Mann, der in seiner Einsamkeit und Verzweiflung den Mut fand, Gott die Stirn zu bieten, ihn zu zwingen, sich seine Schöpfung genauer anzusehen und mit den Menschen zu reden, die manchmal schwerwiegende und beunruhigende Siege über ihn davontragen, wider ihren und wider seinen Willen.
Was bleibt von Hiob? Eine Geschichte? Ein Schatten? Nicht einmal der Schatten eines Schattens. Aber vielleicht ein Beispiel.

Adam oder das Geheimnis des Anfangs 232

Wir kennen Hiobs Geschichte, als hätten wir sie selbst erlebt. In schweren Stunde greifen wir zu seinen Worten, um Zorn, Auflehnung oder Unterwerfung auszudrücken. Er gehört zur verwüsteten Landschaft unserer Seele.

Adam oder das Geheimnis des Anfangs 207

Hiob, unser Vorfahr. Hiob, unser Zeitgenosse. Seine Zerreißprobe geht alle Menschen an. Hat er je seinen Glauben verloren? Wenn dem so wäre, dann hat er ihn wiederentdeckt in seiner Rebellion. Er hat gezeigt, dass Glaube zur Rebellion gehört und dass Hoffnung über die Verzweiflung hinaus möglich ist.

Nobelpreisrede

Und warum soll ich nicht sagen, dass Hiob mich vor allem nach dem Kriege in Verwirrung gestürzt hat. Man traf ihn damals auf allen Wegen Europas, verwundet, beraubt, verstümmelt, sicher nicht glücklich, aber auch nicht resigniert. Seine Unterwerfung im Buche Hiob erschien mir wie ein Hohn. Er hätte nicht so schnell nachgeben dürfen. Er hätte mit seinem Protest nicht aufhören dürfen und die Trinkgelder zurückweisen müssen. Er hätte zu Gott sagen müssen: »Gut, ich verzeihe dir, verzeihe dir, insofern es sich um mich handelt, um meinen Gram, um meinen Todeskampf. Aber meine toten Kinder, verzeihen sie denn dir? Habe ich das Recht, in ihrem Namen zu sprechen? Habe ich das moralische, das menschliche Recht, ein Ende und eine Lösung für diese Geschichte zu akzeptieren, in der sie Rollen gespielt haben, die du ihnen nicht ihretwegen, sondern meinetwegen auferlegt hast? Wenn ich deine Ungerechtigkeiten offiziell anerkennen würde, würde ich dann nicht dein Komplize werden? Ich muss zwischen dir und meinen Kindern wählen und weigere mich, sie zu verstoßen. Ich fordere, wenn nicht für mich, so doch für sie, dass Gerechtigkeit geschehe und der Prozess weitergeht …« Ja, eine solche Sprache hätte er sprechen müssen.

Adam oder das Geheimnis des Anfangs 229

Hiob war kein Jude, aber er litt unschuldig; und deshalb ist es an uns, an uns allen, etwas mit seinem Leiden zu machen. Er lebte vor zweitausend oder mehr Jahren, aber was tut das? Unsere Verantwortung ist, was wir mit seinem Leiden anfangen. Deshalb ist es nicht nur das, was ich mit meinem eigenen Leiden anfange, was zählt, sondern was ich mit Leiden anfange, überhaupt, was zählt.

Nach Auschwitz haben die Worte ihre Unschuld verloren

Ein Nein, das zum Ja wird

Nur in der jüdischen Tradition ist es dem einzelnen Menschen erlaubt, sich gegen den Himmel zu erheben.

Macht Gebete aus meinen Geschichten 40

Bei einem Nachbarn des Rabbi Mosche Löb waren mehrere Kinder nacheinander im zarten Alter gestorben. Die Mutter vertraute eines Tages ihren Kummer der Frau des Zaddik an: »Was für ein Gott ist denn der Gott Israels? Er ist grausam und nicht barmherzig. Er nimmt, was Er gegeben hat.«
»Du darfst nicht so reden«, sagte die Frau des Zaddik, »so darfst du nicht reden. Die Wege des Himmels sind unergründlich. Man muss lernen, sein Schicksal anzunehmen.«
In diesem Augenblick erschien Rabbi Mosche Löb auf der Türschwelle und sagte der unglücklichen Mutter: »Und ich sage dir, Frau, man muss es nicht annehmen! Man muss sich nicht unterwerfen. Ich rate dir, zu rufen, zu

schreien, zu protestieren, Gerechtigkeit zu fordern, verstehst du mich, Frau? Man darf es nicht annehmen!«

Geschichten gegen die Melancholie 80f

Auch heutzutage kann man sich für die Auflehnung gegen Gott entschieden und doch innerhalb des Judentums bleiben. Aber diese Auflehnung sollte sich tagtäglich und Nacht für Nacht erneuern im Zusammenhang mit dem Glauben und nicht durch die Ablehnung des Glaubens. Anders gesprochen, die Verweigerung muss, um einen Wert zu haben, einen Zugang zur Annahme eröffnen. Jedes Mal muss der Mensch erklären: »Herr des Weltalls, ich weiß es und Du weißt es auch, dass jetzt die Stunde des Gebetes ist ..., aber ich will es nicht wissen. Es ist mir bewusst, dass ich beten muss, beten müsste, aber ich werde es nicht tun, hörst du mich, Herr des Weltalls?« Wenn einer so handelt und redet, dann wird sein Nein zu einem Ja, seine Weigerung zu beten wird zum Gebet.

Macht Gebete aus meinen Geschichten 41

Ich erinnere mich und werde mich stets an die fahle Morgendämmerung in Auschwitz erinnern, als wir Schlange standen, um die Gebetsriemen anzulegen, die jemand auf irgendeinem Weg ins Lager hatte schmuggeln können. Ich erinnere mich und werde mich stets an die Feier des Neujahrsfestes unter einem blauen eiskalten Himmel erinnern, an die Gebete, die wir für die Toten und Lebenden sprachen. Ich erinnere mich aller Worte, die wir »dort unten« benutzt haben, um Gott für seine Güte, seine Wohltaten und seine Liebe zu danken, die er für seine Kinder übrig hatte. Bisweilen kann ich einfach nicht begreifen, wie sie, wie wir das alles sagen und an diesem Ort sagen konnten. Ich weiß nicht, ob es ein Versuch unsererseits war, den Richter zu richten oder ihn für unsere Verzweiflung und Ohnmacht verantwortlich zu machen?

Macht Gebete aus meinen Geschichten 42f

Für einen Ungläubigen stellt sich das Problem natürlich nicht. Deshalb scheint uns das Drama des Gläubigen beklemmender und seine Erschütterung tiefer zu sein.

Macht Gebete aus meinen Geschichten 40

Wisse: verachte nicht den Mann, der sich gegen den Glauben seiner Väter erhebt, gegen die Kette, welche die Jahrhunderte schmieden, wende dich nicht von ihm ab, spucke nicht vor ihm aus. Du weißt nie, wen du anspuckst. Vielleicht dich selber. Nicht heute, aber morgen. Siehst du, der Mensch hat die Pflicht, sich frei zu wählen und die Mauern zum Weichen zu bringen. Wer sich von Gott befreit, den musst du höher achten als die anderen, denn mehr als die anderen erfüllt er sein Schicksal.

Die Pforten des Waldes 35

Die Maske zerbrach. Der Rabbi machte eine Gebärde des Aufruhrs, warf den Kopf zurück und begann langsam zu sprechen. Mit heiserer Stimme, mit ernstem Ton, jedes Wort unterstreichend, nach jedem Satz innehaltend:

»Wer sagt dir, dass die Kraft dem Schrei entspringt und nicht dem Gebet? Dem Zorn und nicht dem Erbarmen? Wo nimmst du deine Gewissheiten her, du, der vorgibt, sie alle verleugnet zu haben? Ein Mann, der singend in den Tod geht, ist der Bruder dessen, der kämpfend in den Tod geht. Gesang auf den Lippen ist so viel wert wie der Dolch in der Faust. Ich nehme diesen Gesang und mache ihn zu dem meinen. Weißt du, was er verbirgt? Ich will es dir sagen: einen Schrei, einen Dolch.«

Die Pforten des Waldes 254f

»Und Auschwitz? Was sagen Sie zu Auschwitz?«
»Auschwitz beweist, dass sich nichts geändert hat, dass der Urkrieg weitergeht. Dass der Mensch der Liebe fähig ist und des Hasses, des Mordes und des Opfers. Dass er zugleich Abraham ist und Isaak. Auch Gott hat sich nicht geändert.«
Gregor wurde zornig: »Wie können Sie nach all dem, was uns geschehen ist, noch an Gott glauben?«

Der Rabbi antwortete mit verständnisvollem Lächeln: »Wie kannst du, nach dem, was uns geschehen ist, nicht an Gott glauben?«

Die Pforten des Waldes 249f

Die jüdische Tradition erlaubt es dem Menschen, Gott alles zu sagen, sofern es gut für den Menschen ist. Durch die innere Befreiung des Menschen nämlich rechtfertigt sich Gott. Es kommt nur darauf an, in welchem Rahmen der Mensch mit Gott hadert. Innerhalb der Gemeinde kann er alles sagen. Löst er sich von ihr, verliert er dieses Recht.

Chassidische Feier 107

Ich weiß, es gibt Fragen, die haben keine Antworten, es gibt namenloses Leid, und es gibt Unrecht in Gottes Schöpfung. Es gibt Gründe genug für einen Menschen, vor Wut zu platzen. Ich weiß, es gibt Gründe für deinen Zorn. Gut! Lass uns zornig sein. Gemeinsam.

Was die Tore des Himmels öffnet 70

VII

Nur ein gebrochenes Herz ist ein ganzes Herz

Gott suchen – und ihn einlassen

Ihr werdet mich fragen, wie es möglich und wozu es gut ist, dass wir uns zu Gott erheben, der doch überall und nicht einzig und allein in den himmlischen Höhen ist. Nun, die Antwort darauf kenne ich nicht, aber ich werde euch weiterhin dazu drängen.

Der fünfte Sohn 48

Gott ist überall, der Mensch jedoch nicht. Der Mensch ist sogar dort nicht, wo er zu sein glaubt.

Geschichten gegen die Melancholie 128

Und so drückte es Rabbi Mendel von Kozk aus: »Gott hat dort seinen Sitz, wo man ihn eintreten lässt. Sein Lieblingssitz ist weder ein Palast aus Gold oder Marmor, sondern das schwache und verwundbare Herz des Menschen, das Herz, das Schmerzen leidet und klagt – oder verstummt –, das liebt und fähig ist, zur gleichen Zeit zu schreien und zu schweigen, die Hoffnung zu verlieren und zu hoffen, zu lachen und zu weinen, die göttliche Gerechtigkeit zu fürchten und anzurufen, d.h., zu erkennen, dass Gott zur gleichen Zeit und aus den gleichen Gründen streng und barmherzig ist, nahe und fern, Vater und Richter ist.«

Geschichten gegen die Melancholie 21f

Gott lässt sich finden. Jeder kann ihn begreifen. »Während Er auf Seinem Thron sitzt«, sagte Rebbe Pinchas, »erreichen ihn sowohl die Tränen der Zerknirschten wie die Inbrunst der Beter. Gott Gott ist und das heißt: Er ist derselbe für alle, die auf verschiedenen Wegen zu ihm finden.«

Was die Tore des Himmels öffnet 29

»Stellt euch einen Palast mit zahllosen Toren vor«, sagte der Baal-Schem zu seinen Anhängern. »Hinter jeder Pforte erwartet ein Schatz den Besucher, der nach Herzenslust

daraus schöpfen kann und nicht das Bedürfnis verspürt, weiterzugehen. Trotzdem steht am Ende der Gänge der König, bereit, denjenigen seiner Untertanen zu empfangen, der an ihn denkt und nicht an die Schätze.«
Eines Morgens betete er länger als gewöhnlich. Ermüdet gingen die Schüler weg. Später sagte der Meister melancholisch zu ihnen:
»Stellt euch einen seltenen Vogel im obersten Wipfel eines Baumes vor. Um ihn zu fangen, bildeten Männer eine Räuberleiter, so dass einer von ihnen bis hinauf klettern konnte. Aber jene, die unten standen und den Vogel nicht sahen, verloren die Geduld und gingen nach Hause. Die Leiter brach zusammen – und der seltene Vogel flog davon.«

Chassidische Feier 36f

Der Baal-Schem sagte: Gott schien manchmal so fern zu sein – warum? Es ist die Aufgabe des Vaters, seinen Sohn gehen zu lehren. Zu diesem Zweck geht er ein paar Schritte vorwärts oder rückwärts, darauf gefasst, dass das Kind strauchelt und fällt.
Und Rabbi Dov-Bär wiederum erklärte: In

Seiner unendlichen Liebe begrenzt Gott seine erleuchtende Kraft, um dem Menschen Schritt für Schritt, Etappe für Etappe, zu offenbaren, was jenseits der Grenzen liegt; ebenso handelt der Vater, der seinen Sohn gehen lehrt.

Chassidische Feier 74

Als Jaakow-Jizchak drei Jahre alt war, lief er oft aus dem Lehrstübel davon, wofür ihn sein Lehrer bestrafte, bis dieser ihm eines Tages in den Wald folgte – heimlich natürlich – und ihn rufen hörte: Höre, Israel – Gott ist Unser Gott. Erst da hörte der Lehrer auf, ihn zu bestrafen. Aber sein Vater wollte wissen: »Warum verschwendest du deine Zeit im Wald? Warum gehst du dorthin?« »Ich suche Gott«, sagte der dreijährige Knirps. »Ist Gott denn nicht überall?« fragte der Vater. »Und ist Er nicht überall derselbe?« »Er schon, aber ich nicht«, antwortete das Kind.

Was die Tore des Himmels öffnet 82

Rabbi Baruch von Miedžybož sagte: »Stellt euch zwei Kinder vor, die Verstecken spielen. Das eine verbirgt sich, aber das andere sucht es gar nicht. Gott verbirgt sich, und der Mensch sucht ihn nicht: Stellt euch seinen Schmerz vor!«

Chassidische Feier 82f

Brechen wir unsere Herzen auf

Es ist vielleicht dem Menschen nicht gegeben, die Wahrheit zu finden, aber es ist ihm gegeben, Lüge, Heuchelei und Betrug abzulehnen … Alle Sünden der Welt wiegen weniger schwer in den Augen Mendels von Kozk als die Selbstgefälligkeit des Geprellten. Der Mensch erniedrigt sich nicht durch seine Misserfolge, sondern durch die Ausreden, die er dafür gebraucht.

Chassidische Feier 212

Der große Maggid von Mesritsch sagte: »Was tut man, wenn man den Schlüssel zu einem Schloss verloren hat? Man bricht das Schloss auf. Brechen wir also unsere Herzen auf, sprengen wir sie, damit Gott eindringen kann.«

Geschichten gegen die Melancholie 43

Ein Heiliger, der weiß, dass er heilig ist, ist es nicht, oder genauer gesagt: ist es nicht mehr. Ein Bewusstsein, das sich seiner selbst sicher ist, ist es zu Unrecht: um ganz zu sein, muss es zerspringen. Wie es auch Rabbi Nachman von Brazlaw aussprach: »Nur ein gebrochenes Herz ist ein ganzes Herz.«

Geschichten gegen die Melancholie 43

Schon als Kind verblüffte Naphtali von Ropschitz die Erwachsenen mit seinen schlagfertigen Antworten. Einmal wandte sich ein Gast, der mit seinem Vater befreundet war, an Naphtali: »Naphtali, wenn du mir sagst, wo Gott zu finden ist, will ich dir ein Goldstück geben.« Das Kind antwortete: »Und ich gebe dir zwei, wenn du mir sagen kannst, wo er zu finden ist.«
Ein Chassid bat ihn, sich für ihn im Himmel zu verwenden, und sagte: »Ich studiere und lerne Torah Tag und Nacht und merke keinerlei Fortschritte. Immer noch kenne ich die Torah nicht!« Der Rebbe blickte nur kurz auf und sah dem Chassiden ins Gesicht: »Gott hat dir nicht aufgetragen, seine Gesetze zu kennen,

sondern sie zu studieren«, das war die Antwort.

Was die Tore des Himmels öffnet 114f

Der älteste Sohn des Rabbi Mendel von Worki, ein gelehrter Talmudist, studierte immer mit lauter Stimme in Gegenwart seines Vaters, der ihm jedes Mal sagte: »Gut so gut so, aber man muss studieren wollen.« Da betrieb der Sohn seine Studien noch stärker. Und der Rabbi von Worki fing von neuem an: »Gut so, gut so, aber man muss studieren wollen.« Der Sohn aß schließlich nicht mehr, noch schlief er, und doch war sein Vater immer noch nicht zufrieden. »Aber was soll ich denn tun, Vater?« fragte der Sohn.

»Man muss studieren wollen, um zu studieren – und nicht um Eindruck zu machen.«

Geschichten gegen die Melancholie 134f

Über einen Mann, der ihm erzählte, er faste vom Ende des Sabbats bis zum Beginn des nächsten, ärgerte sich Reb Itzikl und sagte ihm, das sei nicht der rechte Weg für einen Chassid.

»Aber der Bescht«, erwiderte der Chassid, »der Bescht lebt auch so. Er zog sich allein in die Berge zurück und nahm nur am Sabbat Nahrung zu sich.«

»Kein Vergleich«, sagte darauf Reb Itzikl, »der Bescht verließ seine Familie jeden Sonntag mit einem Sack voll Nahrungsmitteln für die Woche, nur vergaß er, davon zu essen. Aber du gehst mit einem leeren Sack fort und vergisst das nicht, du denkst daran, du denkst unaufhörlich daran.«

Geschichten gegen die Melancholie 133

Immer wieder gab Rabbi Aaron von Karlin folgenden Rat: »Wenn die Chassidim zusammenkommen, sollten sie den Sohar, das mystische ›Buch des Glanzes‹, studieren, denn darin sind die Geheimnisse der Schöpfung und der Endzeit verborgen. Wenn sie dazu nicht fähig sind, mögen sie die gelehrten Kommentare aufschlagen und sich gemeinsam eine Seite vornehmen; auf diese Weise gelangen sie bis zu den Weisen und den Richtern. Wenn auch das zu schwierig für sie ist, sollten sie die fünf Bücher des Moses lesen, die Quelle aller

Wahrheiten. Wenn sie die heilige Sprache nur schlecht verstehen, sollen sie sich chassidische Geschichten erzählen. Und wenn sie sich an sie nicht erinnern können, wenn sie nicht zu erzählen wissen oder nicht imstande sind zuzuhören, wohlan, dann sollen sie einander lieben.«

Geschichten gegen die Melancholie 8

Ein Anhänger klagt seinem Rabbi sein Elend. »Gott wird dir helfen«, sagt der Rabbi. – »Ja, gut und schön«, meint der Chassid, »aber ... was ist in der Wartezeit?« – »Gott wird dir beim Warten helfen«, sagt der Rabbi.

Macht Gebete aus meinen Geschichten 111

Auch Angst und Traurigkeit führen zu ihm

Ein Schüler war so von Angst gepeinigt, dass er nicht einmal wagte, über sie zu sprechen. Rebbe Pinchas sah ihn an und schmunzelte: »Ich kann mir so gut vorstellen, wie du dich fühlst. Aber sag mal, wenn *ich* es schon weiß, glaubst du nicht, dass *Er* es erst recht weiß?«

Was die Tore des Himmels öffnet 31

Darin lag die Schönheit von Rebbe Baruch: Wenn er vom Glauben sprach, war der Glaube nicht mehr das Gegenteil von Angst, sondern Teil der Angst. »Der Glaube und die Hölle liegen nebeneinander«, sagte er seinem Schüler. »Ich meine sogar, eines liegt anderen. Wahrer Glaube beginnt erst mit seiner Anfechtung.«

Was die Tore des Himmels öffnet 69f

Oft wandten sich seine Schüler an Rebbe Pinchas und suchten bei ihm Hilfe in Glaubensfragen. Einem sagte er: »Zugegeben, Gott verbirgt sich vielleicht, aber du weißt das. Das sollte doch genug sein.« Wird der Schüler weniger leiden? Kaum. Aber sein Leiden wird anders sein.

Was die Tore des Himmels öffnet 31

Gott zu fürchten, ohne ihn zu lieben, hieße zwischen beiden eine Mauer errichten oder einen Abgrund zu graben. Ihn zu lieben, ohne ihn zu fürchten, hieße ihn auf etwas Alltägliches und allzu Vertrautes reduzieren. Wir müssen danach trachten, Furcht und Liebe miteinander zu vereinen, die Freude und die Tränen, den Schrei und das Schweigen, und keine Furcht vor Gott, sondern in Gott zu haben. Und Furcht um Gott zu haben, Furcht nämlich, ihn zu verletzten, ihn zu betrüben. Es ist die Frage, wo man den Akzent setzt.

Geschichten gegen die Melancholie 22

Auch die Furcht, die Angst, die Traurigkeit können zu Gott führen.

Geschichten gegen die Melancholie 137

Für jede Not gibt es ein Heilmittel. Und Gott stößt niemanden zurück. Gott verlangt viel, sogar das Unmögliche, aber er überlässt den Menschen die Wahl seiner Mittel. Ziel des Menschen ist es, sich Gottes würdig zu erweisen, aber Gott blickt auf ihn und liebt ihn, auch wenn das nicht der Fall ist, vorausgesetzt, der Mensch erinnert sich des Ziels, das er erreichen soll.

Geschichten gegen die Melancholie 8

VIII

Ein Leuchtturm ist das Gebet

Ein Gebet kann den Lauf der Ereignisse ändern

Die Größe des Menschen, so sagt der Baal-Schem den Armen, liege in seiner Demut; er möge sich erst einmal Gott unterwerfen, dann werde er wachsen und frei sein ... Und auch, dass der Mensch nur wenig braucht, um sich zu steigern und zu erfüllen: Er muss es nur wollen, von ganzem Herzen wollen. Er sagte ihnen, dass abstraktes Wissen nicht das einzige Gefäß der Wahrheit und nicht der einzige Weg zur Heiligkeit sei, und dass die Heiligkeit nicht das einzige Band zwischen dem Menschen und dem Ewigen in ihm bilde. Singen sei besser als Reden, guter Wille zähle mehr als Gebetsformeln. Und es liege an jedem einzelnen, alle Kräfte zu erwerben. Und dann, warum verzweifeln? Weshalb den Kampf aufgeben? Eine Träne, ein Gebet können den Lauf der Ereignisse ändern; ein Bruchstück einer Melodie kann alle Freuden dieser Welt enthalten, sie befreien, das Schicksal beeinflussen.

Chassidische Feier 33

Eine Möglichkeit: Wir harren in unseren Gebeten aus und zwingen Gott, seinen Attributen zu entsprechen, wie es Rabbi Mendel von Kozk einmal sagte: »Wir flehen Gott unseren Vater an, flehen ihn so lange an, bis er schließlich unser Vater wird.«
In diesem Fall ist das Gebet nur eine andere Form der Herausforderung und des Protestes. Man beschwört seine Liebe, weil man an der Abwesenheit seiner Liebe leidet, und weil er Gewalt und Blutvergießen gestattet hat, verherrlicht man seine Güte. Das Gebet erscheint so als ein Mittel, seinen Namen trotz der Massengräber zu heiligen und unsere Segenswünsche hinauszuschreien trotz der blutroten Schatten, die den Horizont verdunkeln.
Trotz allem, was du deinem Volke getan oder mit ihm hast geschehen lassen, singen wir Dein Lob. Je schwerer es ist, desto inbrünstiger wird unser Gesang.

Macht Gebete aus meinen Geschichten 41f

Rabbi Pinchas von Korez sagte oft: »Wenn ich singen könnte, würde ich Gott zwingen, mitten unter den Menschen zu wohnen.«

Chassidische Feier 46

Rabbi Levi-Jizchak betete mit Inbrunst, weil er an das Gebet glaubte. Gerne erzählte er: »Ich sah einen Dieb, gerade als man ihn festnahm. Ich hörte ihn murmeln: ›Na, wenn schon! Ich werde wieder anfangen, das nächste Mal wird es besser gehen.‹ Dieser Dieb hat mich gelehrt, dass man immer wieder von vorne anfangen muss.«

Chassidische Feier 100

Ein Chassid, ein berühmter Talmudgelehrter, kam, ihn, den berühmtem Maggid von Mesritsch, um Rat zu fragen; er fürchtete, den Glauben zu verlieren. Der Maggid ließ sich auf keine philosophische Diskussion ein, sondern forderte den Gast auf, mit ihm mehrere Male das erste Gebet zu wiederholen, das jedes jüdische Kind auswendig lernt. Und das war alles.

Chassidische Feier 60

Rhythmus und Form unseres Lebens

Der Himmel weist das Gebet, das nicht die Grundbefindlichkeit des Menschen, seine Ängste und Leiden widerspiegelt, zurück; es ist ein totes Gebet.

Macht Gebete aus meinen Geschichten 31f

Die Engel wiederholen niemals ihre Litaneien, sagte Rabbi Nachman von Brazlaw unter Berufung auf den Talmud. Und er erklärte: Es sind niemals dieselben Engel, die den Herrn loben, der Herr wechselt sie jeden Tag aus. Daraus zog Rabbi Nachman die Lehre: Wer sich wiederholt, missfällt Gott und entfernt sich von ihm.

Chassidische Feier 173

Das Gesetz, von Gott selber dem Menschen anvertraut, kommt von oben. Mit dem Text des Gebetes verhält es sich anders, er kommt vom Menschen. Wenn der Glaubende einen liturgischen Text wiederholt, dringt er vor bis zu dessen Autor, und wenn er ihn oft genug wiederholt, macht er ihn sich ganz zu eigen, wird er fast zu dessen Autor.
Anders ausgedrückt, es gehört zum Menschen, dass er jedes Gebet zu seinem eigenen macht, indem er es neu erschafft, ihm seine ursprüngliche Kraft zurückgibt, seine Aktualität, seine Dringlichkeit.

Macht Gebete aus meinen Geschichten 30

Vielleicht haben die Mystiker recht, wenn sie nur einen einzigen Satz Gebet oder Anrufung, einen Tag lang, ein Leben lang wiederholen. Tausendmal eins, das ist eins und nicht tausend. Doch eins mit tausend multipliziert ist etwas anderes als eins multipliziert mit zehn oder mit eins. Wenn man ein Wort, ein einziges, im Sprung nimmt, kann man das

Geheimnis der Schöpfung, den Mittelpunkt entdecken, an dem alle Fäden zusammenlaufen.

Die Pforten des Waldes 216f

Manche Gebete spornen an, andere beruhigen und wieder andere reißen Wunden auf. Die einen tragen Bitten vor, andere sind Ausdruck der Dankbarkeit. Das Gebet als große Deutung unserer Existenz gibt ihr Rhythmus und Form zugleich. Nehmt unserem Volk das Gebet und ihr habt seine Seele zum Schweigen verdammt.

Macht Gebete aus meinen Geschichten 32

Über sich hinausgelangen

Der Maggid von Koschnitz war das Herz seiner Generation. Er sagte: »Was ist das, der Mensch? Ein Staubkorn, beladen mit Sünden, dem Nichts verfallen. Und doch ist er imstande, sich an Gott zu wenden, Ihn zu duzen – ist das kein Grund, dankbar zu sein?«

Chassidische Feier 123

Der Baal-Schem sagte den Armen, dass Gott über den Grenzen stehe, über den Klassen und allen Unterschieden. Ein inniges Gebet sei mehr wert als eine mystische Beschwörung, die Begeisterung eines reinen Herzens übertreffe den Eifer, der einer ausgeklügelten, schwer verständlichen Philosophie entspringe: »Der Kutscher, der die heiligen Thorarollen küsst, gefällt Gott besser als die Engel, die nichts anderes tun, als ihn preisen.«

Chassidische Feier 32

Jeder Mensch hat ein Gebet, das ihm allein gehört, wie er eine Seele hat, die ihm allein gehört. So wie es dem Menschen schwerfällt, seine Seele zu finden, so fällt es ihm auch schwer, sein Gebet zu finden. Die meisten Menschen leben mit Seelen und sprechen Gebete, die nicht die ihren sind.

Gezeiten des Schweigens 47

Ein Leuchtturm ist das Gebet für den Irrenden und den Träumer auf der Suche nach Träumen, Öffnung ist es für die Seele auf der Suche nach Schweigen oder Verzückung; das Gebet ist etwas, dessen der Mensch am meisten bedarf, um sich zu verwirklichen oder um über sich hinauszugelangen.

Macht Gebete aus meinen Geschichten 28

Die zugunsten eines anderen gesprochenen Gebete werden als erste angenommen, sagt der Talmud, die wider seinen Nächsten erdachten aber werden abgewiesen.

Macht Gebete aus meinen Geschichten 31

Was wichtiger ist

Ein Mensch kann immer etwas für seinen Freund tun. Eine Möglichkeit, aber nicht die einzige, ist das Gebet. Der Tanz ist eine andere. Was zählt, ist die Mühe, die man sich gibt, und der Wille, dem andern die Hand zu reichen, sich selbst zu geben, wenn man nichts anzubieten hat. Und was ist mit Gott? Dieser Mensch soll sich in seiner Not an Gott wenden, nicht ihr; denn eure Aufgabe ist es, ihm Hilfe zu bringen. Im Namen Gottes, ja, an Stelle Gottes.

Geschichten gegen die Melancholie 76

Einer kranken Frau zu helfen ist wichtiger, als durch das Gebet zum Himmel emporzusteigen. Ein Heiliger muss nicht unbedingt aussehen wie ein Heiliger; manchmal sieht er wie ein Bauer aus, wie ein Holzfäller, ein Tippelbruder, ein Arbeiter, wie ein christlicher Kutscher oder ein mohammedanischer Kaufmann.

Geschichten gegen die Melancholie 62

Studium ohne Gebet ist ebenso unfruchtbar wie ein Gebet ohne Studium. Wer ausschließlich die Meditation gelten ließe oder nur die Barmherzigkeit, oder nur die Wunder, nur die Armut oder die vornehme Lebensart, würde höchstens das Bild des Meisters wie seines Schülers entstellen. In der Schöpfung ist nichts monolithisch.

Geschichten gegen die Melancholie 96f

Drei grundlegende Tugenden machen den Menschen fähig, die Wahrheit zu verstehen und mitzuteilen. Es sind: Freundlichkeit, Frömmigkeit und Intelligenz. Freundlichkeit allein führt zu Unverbindlichkeit, bloße Frömmigkeit kommt der Dummheit ziemlich nahe, die reine Intelligenz endet im Verbrechen. Entscheidend ist deshalb, dass alle drei Fähigkeiten gleichzeitig vorhanden sind, sollen sie dem Menschen etwas nützen.

Was die Tore des Himmels öffnet 116

IX

Schweigen verleiht unseren Worten Tiefe

Das Geheimnis des Schweigens

Wer sich in die Schöpfung versenkt, muss allein sein und schweigen. Hier geht es um eine Frage, die Sprache und Fassungsvermögen übersteigt. Wer sie anschneidet, läuft Gefahr, eines Tages von der Gegenwart abgeschnitten zu werden und für immer einsam und stumm zu bleiben.

Adam oder das Geheimnis des Anfangs 13

Wenn das Wort Gottes ewig ist, ist sein Schweigen nicht weniger ewig, vielleicht sogar mehr. Vor dem »Gott sprach«, vor dem »Im Anfang schuf«, was gab es davor? Die Schöpfung, die durch das Wort hervorgerufen wurde, war im Schweigen verankert. Aus dem Schweigen wurde das Wort geboren, das göttliche Wort. Aber was tat Gott, bevor er es aussprach? Er wartete. Ja, er wartete. Wartete, bis das Schweigen zerbrach und dem Wort Einlass gewährte.

Geschichten gegen die Melancholie 116

Gott liebt das Schweigen oder, wie Rabbi Elieser Hakalir es ausdrückt: Gott *ist* Schweigen. Nach einem Unwetter, wenn Donner und Blitz aufgehört haben zu toben, nach ohrenbetäubendem Lärm tritt Stille ein – und das ist das Zeichen, dass Gott da ist und bereit, die Geschichte erzittern zu lassen.
Schweigen ist friedlich, voller Wohllaut, voller Verheißungen, voller Träume und voller Wahrheit. Aber ebenso sehr kann es Angst oder sogar Zorn hervorrufen. Im Talmud stoßen wir auf weise Männer, die nicht zögern, in der Stunde der Prüfung zu schreien: »Aber warum, warum schweigt denn Gott?«

Geschichten gegen die Melancholie 118

Vom wahren und falschen Schweigen

Der Kozker Rabbi meinte: »Es gibt Wahrheiten, die können durch das Wort weitergegeben werden. Bei anderen, die tiefer sind, ist das niemals möglich, nicht einmal durch das Schweigen.«

Geschichten gegen die Melancholie 139

Rabbi Itzikl von Worki sagte: »Ich bin's zufrieden, ja, ich bin zufrieden, dass bestimmte Dinge verborgen bleiben, sonst wäre das Leben unerträglich.« Vielleicht gibt es auch eine verborgene Seite des Wortes.

Geschichten gegen die Melancholie 115

Wir haben auch erfahren, dass das Schweigen nicht immer erlösend und schöpferisch ist. Es kann zum Instrument der Folter und des Todes werden.

Geschichten gegen die Melancholie 142

Wie soll man das wahre vom falschen Schweigen unterschieden? Dinge verschweigen, die man sagen könnte, ist etwas anderes als Dinge verschweigen, die man nicht sagen kann oder nicht sagen darf. Was ist zu tun, um beides nicht durcheinanderzubringen?

Geschichten gegen die Melancholie 142

Der Rabbi von Kozk sagte auch: Die stärkste Einsamkeit empfindet man in der Menge; man kann auch beim Essen fasten; und das wahre Schweigen bildet sich im Innern der Sprache.

Geschichten gegen die Melancholie 135

Vom Rabbi Mendel stammt das folgende Wort: »Dies sind die drei Grundregeln, die das Verhalten des Menschen bestimmen: Er muss lernen, aufrecht zu knien, unbewegt zu tanzen und lautlos zu schreien.«

Geschichten gegen die Melancholie 140

Ebenfalls Rabbi Mendel: »Sogar das leere Schweigen ist gut, bei Worten ist das nicht so, wenn sie leer sind, bleiben sie es auch.«

Geschichten gegen die Melancholie 138

Gott: ich spüre meinen Atem und weiß, dass er nicht verlorengeht, dass etwas ihn vernimmt; ich fühle, dass ich eins bin mit etwas, das vielleicht die Zeit ist, dessen Dasein die Schläge meines Herzens beweisen ... Hörst du unsere Schritte im Schweigen, Freund? Wir sind die Schritte, er ist das Schweigen. Das Schweigen verleiht unseren Schritten Tiefe.

Gezeiten des Schweigens 115

Die Entfernung zwischen den Wörtern

Vom ersten Menschen an bis zum Ende aller Zeiten ist und bleibt die Stimme das einzige Werkzeug, das dem Menschen erlaubt, Träume und Geheimnisse auszutauschen.

Gezeiten des Schweigens 104

Nicht die Arche hat Noah gerettet, berichtet eine chassidische Legende, sondern das Wort, denn im Hebräischen bedeutet sowohl Arche als auch Buchstabe. Um Noah vor der Sündflut zu retten, befahl Gott ihm, sich eine Sprache zu machen, die ihm als Obdach und Zuflucht dienen werde.

Macht Gebete aus meinen Geschichten 13

Ein Ausspruch Rabbi Mendels von Riminow: »Unnütze Worte sprechen, heißt einen Mord begehen.«

Chassidische Feier 152

»Der Gedanke ist dem Wesen nach unendlich«, sagt Rabbi Wolf von Schitomir, »und das Wort setzt ihm Grenzen. Warum aber sucht der Mensch sich auszudrücken? Ich will euch sagen, weshalb: Zweck des Wortes ist es, den Gedanken zu vermenschlichen.«

Chassidische Feier 86

Ich glaube nicht mehr an die magische Kraft des Wortes. Das Wort bedeutet nicht mehr Ordnung, sondern Unordnung. Es besiegt nicht das Chaos, sondern kaschiert es. Es ist nicht mehr Hoffnungsträger für die Menschen, sondern verkleinert sie, indem es sie denaturiert. Es hat aufgehört, ein Mittel des Widerstands zu sein. Es dient nicht mehr zur Unterscheidung, sondern nur noch als Kompromiss.

Macht Gebete aus meinen Geschichten 11

Die Technologie hat falsche Probleme gelöst. Wir haben Maschinen, aber nicht das menschliche Herz gewonnen, und die Entfernung zwischen zwei Wörtern ist größer als die zwischen Erde und Mars.

Macht Gebete aus meinen Geschichten 36

Die Worte haben ihre Unschuld verloren

Nach Auschwitz haben die Worte ihre Unschuld verloren, nach Treblinka ist Stille gefüllt mit neuer Bedeutung, nach Majdanek hat der Wahnsinn seine mystische Anziehungskraft wiedererlangt. Des Menschen Verhältnis zu seinem Schöpfer, aber auch zur Gesellschaft, zur Politik, zur Kunst, zu den Mitmenschen und zu sich selbst muss neu infrage gestellt werden. Jenes Geschehen beraubte den Menschen all seiner Masken.

Gott nach Auschwitz 23f

Eine Geschichte über Treblinka ist entweder keine Geschichte, oder es ist keine Geschichte über Treblinka. Eine Geschichte über Majdanek ist fast schon eine Gotteslästerung. Nein, es Gotteslästerung! Treblinka bedeutet Tod, vollkommenen Tod, Tod der Sprache, Tod der Hoffnung, Tod des Vertrauens und der Eingebung. Dieses Geheimnis ist dazu verdammt, unversehrt zu bleiben.

Gott nach Auschwitz 26

Ich zwang mich, das Geheimnis, das mich verzehrt, mit jemandem zu teilen. Ich versuchte die Gespenster, die in mir hausten, zum Sprechen zu bringen. Soll das heißen, dass die Wunde langsam vernarbt? Nein, sie brennt weiter. Ich bin immer noch nicht im Stande, darüber zu sprechen, aber ich fühle mich im Stande zu sprechen; darin liegt die Veränderung.

Was meinem Leben Richtung gab 180

Das Schweigen in mir lastet zuzeiten so schwer, dass mein Herz zerspringen möchte. Allein, es ist nun einmal so, dass ich nicht danach trachte, mich von diesem Schweigen zu lösen. Ich suche nach einem eigenen, besonderen Weg, der zwischen dem Wort und dem Schweigen verläuft.

Der fünfte Sohn 8

Das göttliche und das menschliche Schweigen können sich verbinden, das eine kann durch das andere, kann im andern wachsen, und das reicht zum Leben aus oder sollte es wenigstens. Beide sind fähig, sich gegenseitig zu reinigen, sich im andern zu befreien, und das genügt oder sollte genügen.
Denn alles in allem geht es hier um Folgendes: entweder durch das menschliche Wort dem göttlichen Schweigen oder durch das menschliche Schweigen dem göttlichen Wort antworten. Aber das zu erreichende Ziel lautet anders: dem Schweigen durch das Schweigen und dem Wort durch das Wort antworten.

Geschichten gegen die Melancholie 141

X

Frieden fällt nicht vom Himmel

Jetzt muss man lieben

Kain und Abel sind Symbole und Beispiele für die stärksten Triebe, die die Mitglieder der menschlichen Gesellschaft in Hass, Blutvergießen und Kriege stürzen und schließlich zur Selbstzerstörung führen: Sexuelle Besessenheit, Besitzgier, religiöser Fanatismus, Fanatismus überhaupt.

Adam oder das Geheimnis des Anfangs 58

Das eigentliche Thema des Berichts von Kain und Abel ist die Verantwortung. Die beiden Brüder sind füreinander verantwortlich; weder der eine noch der andere ist völlig schuldig oder völlig unschuldig, denn jeder ist, wenn auch graduell verschieden, dem anderen gegenüber gleichgültig.

Adam oder das Geheimnis des Anfangs 65

Darin liegt die dynamische und dämonische Natur des Hasses, der alle Schranken überspringt und sich überall einfrisst: Es fängt damit an, dass man eine bestimmte soziale Gruppe hasst, und endet damit, dass man die ganze Gesellschaft verachtet. Es fängt damit an, dass man die Juden verfolgt und am Ende die ganze Menschheit bedroht. Jeder Hass wird zum Selbsthass.

Der fünfte Sohn 180

Der Krieg amüsiert sich. Er wirft die Gesetze über den Haufen, schüttelt die Bäume und sagt zu den Menschen: Seht zu, wie ihr zurechtkommt. Von einem Tag auf den anderen sind die Kinder älter als ihre Eltern, er sagt zu den einen wie den anderen: Los, blickt einander gut in die Augen, und wir werden sehen, was geschieht. Nichts geschieht, denn Väter und Söhne begnügen sich damit, einander zu mustern und sterben, ohne das Spiel zu verstehen, an dem sie teilgenommen haben. Dann lacht der Krieg. Warum nicht? Er hat das Recht dazu. Er pflanzt dich vor einem Fremden auf und sagt zu dir: Liebe ihn, töte ihn, demütige ihn. Und du gehorchst, ohne dich zu fragen, ob das, was du tust, gut ist; eine Stunde später wirst du deinerseits getötet, geliebt und gedemütigt. Im Grunde unseres Herzens wissen wir all das, aber wir spielen das Spiel, als sei es zum Lachen. Das ist höchst merkwürdig.

Die Pforten des Waldes 158

Die Willkür, die Ungerechtigkeit, die absolutistischen Absichten: Diese muss man sofort bekämpfen. Die Zeit arbeitet für sie und gegen uns. Man muss verhindern, dass sie sich in unserer Bequemlichkeit und unserer Angst einnisten, man muss sie bei den ersten Anzeichen entwaffnen. Das ist die wahre Zivilcourage: Ein Blitz von Klarheit, von Erkenntnis verwandelt sich sofort in die Tat. Sicher, das geschieht selten; denn wenn es geschieht, sind wir in der Minderheit, schwach und allein. Aber ist nicht die Zivilcourage letztlich ein einsamer Akt und ein Träger der Einsamkeit?

Anstiftung zur Zivilcourage 26

Wenn du in der Liebe einen Vergleich, eine Niederlage siehst, bist du auf dem falschen Weg: Sie ist ein Sieg. Zumal in Kriegszeiten, wo der Tod Herzen und Seelen beherrscht. Jetzt muss man lieben, jetzt muss man wählen: Eine Liebestat könnte das Zünglein an der Waage sein.

Die Pforten des Waldes 229

Wer leidet, hat Vorrang

Wenn jemand leidet, wenn jemand einsam ist, hat niemand das Recht, sich fortzustehlen oder die Augen zu verschließen. Wenn jemand Unrecht erleidet, darf niemand sich abwenden, wer leidet, hat Vorrang. Sein Leiden gibt ihm das Recht dazu. Wenn jemand neben dir weint, so hat er Anspruch auf dich, auch wenn sein Leid ihm von euerm gemeinsamen Gott auferlegt wurde. Über einen Menschen, der leidet, zu wachen, ist dringlicher, als an Gott zu denken. Der Mensch ist zu schwach, um mit Gott zu kämpfen, aber nicht zu schwach, um für sein Ebenbild einzutreten oder seine Wunden wenigstens zu verbinden.

Adam oder das Geheimnis des Anfangs 63f

Wer Gott auf Kosten des anderen liebt, wer seinen Ruhm singt und seinen Nächsten hungern sieht, begeht eine Sünde. Wenn du einen Hungrigen triffst, gib ihm zu essen, und wenn du nichts hast, dann schrei gegen den Hunger an, protestiere im Namen des Hungers, im Namen derer, die Hunger leiden.

Geschichten gegen die Melancholie 65

Versuch, den anderen zu helfen. Vielen anderen. Natürlich zählt dabei nicht die Menge. Aber wie kann man dem einen helfen und dem anderen nicht? Ich weiß: Es ist unmöglich, widersprüchlich. Nur soll sich keiner weigern, eine Gelegenheit ungenutzt zu lassen. Wer sich weigert, verweigert sich seinem eigenen Ich; wer sich dem anderen verschließt, schließt diesem das Herz.

Gezeiten des Schweigens 123

Wenn man zu einem Menschen oder zu einer Gruppe von Menschen gerecht ist, ist man es zu allen.

Adam oder das Geheimnis des Anfangs 165f

Es ist ungerecht, wollte man sich gefühllos zeigen gegenüber dem Leid einer bestimmten Gruppe von Menschen, nicht jedoch gegenüber dem Schmerz einer anderen. Wer unempfindlich ist gegenüber einer bestimmten Form des Leidens, wird schließlich gegenüber allen Arten des Leidens apathisch werden. Bis zu einem bestimmten Grad kann Gleichgültigkeit auch ansteckend wirken. Sie ist zugleich Fehler und Krankheit und als solche beeinflusst sie Klima und Landschaft: Viele Ungerechtigkeiten sind ihretwegen begangen worden. Ohne sie wäre eine große Zahl von Opfern noch am Leben.

Lebenskraft Angst 43f

Jeder Tod hinterlässt eine Schürfwunde, und jedes Mal, wenn ein Kind vor Freude lacht, vernarbt sie.

Die Pforten des Waldes 117f

Gleichgültigkeit ist das Schlimmste

Was ist noch schlimmer als Leid? Gleichgültigkeit! Was ist noch schlimmer als Verzweiflung? Resignation! Wer sich nämlich nicht rühren und ergreifen lassen kann, wer sich nicht fallen lassen kann, dessen Vorstellungskraft nie Feuer fängt – der ist schlimm dran.

Was die Tore des Himmels öffnet 89

Aber was ist Liebe, was ist diese Art von Liebe? »Ich gestehe, ich habe ihre Bedeutung durch zwei Säufer kennengelernt«, sagt Rabbi Mosche Löb. »Ich habe sie in einem Wirtshaus gesehen. Sie saßen an einem Tisch, eine ganze Batterie Flaschen vor sich, und tranken und tranken, ohne sich dabei überhaupt anzusehen. Dann und wann machten sie eine Pause und lallten mit schwerer Zunge. ›He, Alexej‹, sagte der Jüngere, ›bist du mein Freund? Liebst du mich auch?‹ – ›Sicher, Iwan. Ich bin dein

Freund. Ich liebe dich sehr.‹ Halb benebelt leerten sie wie im Traum die nächste Flasche. Dann wandte Iwan sich von neuem an seinen Freund: ›Alexej, bist du auch wirklich mein Freund? Liebst du mich wirklich?‹ – ›Natürlich, Iwan.‹

Sie tranken weiter, und das gleiche Frage- und Antwortspiel wiederholte sich immer wieder, bis Alexej schließlich böse wurde: ›Wie oft soll ich es dir denn noch sagen, Iwan? Ich bin dein Freund und liebe dich sehr! Bist du eigentlich taub oder betrunken?‹ Iwan schwieg eine Weile. Sein Blick wurde schwer, und seine Stimme klang sehr traurig, als er sagte: ›Alexej, Alexej, wenn du wirklich mein Freund bist, wenn du mich so sehr liebst, wie du es sagst, wie kommt es dann, dass du nicht weißt, was mir weh tut?‹«

Geschichten gegen die Melancholie 73f

Das Gegenteil von Liebe ist nicht Hass, sondern Gleichgültigkeit, das Gegenteil von Leben nicht Tod, sondern die Gefühllosigkeit. Iwan hat recht: Wenn Alexej nicht weiß, was ihm weh tut, ist er nicht sein Freund.

Geschichten gegen die Melancholie 74

Nicht gegen die Gleichgültigkeit zu protestieren, das ist die erste Unterlassungssünde. Die zweite wird folgen: Du wirst zum Mittäter. Sicher wäre es viel einfacher, abzuwarten, erst einmal zuzusehen, es laufen zu lassen; letztlich ist es jedoch weniger gefährlich, sich bemerkbar zu machen. Der Prophet ist genau derjenige, der sich mit seiner Zivilcourage bemerkbar macht.

Anstiftung zur Zivilcourage 25

Gleichgültigkeit gegenüber der Angst des anderen ist verbrecherisch, da sie dessen Angst nur weiter verstärkt. Im äußersten Fall zehrt die Gleichgültigkeit ihr Subjekt wie auch ihr Objekt auf.

Lebenskraft Angst 40

Ein Gerechter ist der, der gegen die Ungerechtigkeit protestiert und die ergebene Unterwerfung und das Komplizentum verdammt, sagt der Talmud. Hiob wurde bestraft, weil er einen neutralen Weg verfolgte. In Zeiten der Gefahr, in extremen Situationen, nützt die Neutralität nur den Mördern, nicht den Opfern.

Anstiftung zur Zivilcourage 23

Was ist Gleichgültigkeit anderes als Blindheit in höchster Potenz? Wer ihr Gefangener ist, hat keinen Blick mehr für die äußere Welt, auch keinen für die innere Welt: Er sieht gar nichts mehr. So ist die Gleichgültigkeit nicht mehr Sünde, nicht mehr nur Sünde, sie ist auch Strafe ... Der Gleichgültige steht nicht mehr im Kontakt mit seiner inneren Welt und seiner äußeren Umgebung. Für ihn existiert gar nichts. Die Zeit selbst hat für ihn aufgehört voranzuschreiten. Er kann mit niemandem mehr in Verbindung treten, und niemand kann mit ihm in Verbindung treten. In Wirklichkeit ist er tot – er weiß es nur nicht.

Lebenskraft Angst 40f

Nein zu sagen ist also eine Pflicht. Nein zur Bedrohung und Nein zu Verführungen, von welcher Macht auch immer sie kommen mögen. Ein Mensch, der es vorzieht, sich zu beugen und sich anzupassen, wird enden, indem er in der Resignation ertrinkt.

Anstiftung zur Zivilcourage 23

Erinnern rettet die Zukunft

Das Vergessen ist die Wurzel des Exils; die Erinnerung bedeutet Erlösung – das hat bereits der Baal-Schem gesagt.

Chassidische Feier 204

Uns wurde gesagt: »Erinnere dich und halte das Gedenken lebendig.« Wie gleichsam die übrigen Tage geschaffen sind um des einen Sabbat-Tages willen, so möchte ich sagen, sind uns alle anderen Worte gegeben um des einen Wortes willen: Gedenke!

Gott nach Auschwitz 21

Die Erinnerung an eine zurückliegende Niederlage oder Freude beweist mir, dass nichts endgültig, nichts unwiderruflich ist. Ein Unglück erleben ist schlimm; es vergessen ist schlimmer.

Lebenskraft Angst 41f

Jeder, der sich nicht aktiv und ständig mit der Erinnerung beschäftigt und andere mahnt, ist ein Helfershelfer des Mordens. Umgekehrt: Wer auch immer dem Verbrechen widersteht, muss sich auf die Seite der Opfer stellen, muss ihre Berichte verbreiten, ihre Berichte über Einsamkeit und Verzweiflung, über Stille und Trotz.

Gott nach Auschwitz 42f

> Alles, was uns geschieht, kann der ganzen Menschheit geschehen.
>
> Gott nach Auschwitz 44

Gemeinsam haben wir alle die Erinnerung an die Ursprünge. Und die beklemmende Angst vor dem Ende.
Aber menschlich zu leben, heißt genau dies: Nein zu sagen zu diesem Ende, auf das wir uns alle zubewegen. Solange ich lebe, fürchte ich den Tod. Aber solange ich lebe, kann und muss ich mich auch als unsterblich betrachten. Das ist die Paradoxie: Einen Moment vor dem Erlöschen noch ist das menschliche Wesen von

etwas Unaussprechlichem und Unvorstellbaren bewegt, das ihm den Geschmack und vielleicht auch den Durst nach Unsterblichkeit eingibt.

Anstiftung zur Zivilcourage 23f

Was wird im Jahre 2000 sein? Wie Simha sehe ich am Horizont Schatten aufsteigen, und in der Ferne bemerke ich den riesigen Schatten, der einem ungeheuer großen und hohen Pilz gleicht, der Himmel und Erde wieder miteinander verbindet, um sie zu verdammen und zu vernichten. Sollte das die letzte Katastrophe sein? Der Kabbalist Simha behauptet, dass nach der Strafe die Erlösung kommt. Aber welche? Ein chassidischer Meister sieht es richtiger: »Der Messias läuft Gefahr, zu spät zu erscheinen, er wird kommen, wenn es niemand mehr gibt, der noch zu retten ist. Sei's drum: Ich werde trotzdem warten.«

Der fünfte Sohn 190f

Die Menschheit braucht den Frieden mehr denn je, weil unser ganzer Planet durch einen nuklearen Krieg von der totalen Vernichtung bedroht ist. Einer Vernichtung, die nur der Mensch verursachen kann, kann auch nur der Mensch vorbeugen.

Nobelpreisrede

Wir leben alle im Schatten einer feurigen Wolke; Gottes Gesetz ist an die Erinnerung an Gott gebunden – wenn wir es halten, werden wir auf diesem Planeten leben. Wenn wir unserem Schicksal gegenüber gleichgültig bleiben und blind vor der Wolke aus Feuer verharren, wird niemand übrigbleiben, um unsere Geschichte zu erzählen.

Lebenskraft Angst 45

Verzweiflung umkehren in Hoffnung

Das Hauptthema des Baal-Schem ist immer dasselbe: Der Mensch ist es sich schuldig, nicht in Verzweiflung zu fallen; er soll eher auf Wunder hoffen als resignieren. Wenn er sich selbst ändert, kann er die Welt ändern, die ihn umgibt und sein Schicksal bestimmt.

Chassidische Feier 42

Man kommt nicht als Gerechter auf die Welt, man wird es. Wer ein Gerechter geworden ist, muss an sich selber arbeiten, damit er es bleibe.

Adam oder das Geheimnis des Anfangs 167

Man muss vom Menschen alles verlangen, wozu er fähig ist, und ihn dabei doch so akzeptieren, wie er ist.

Geschichten gegen die Melancholie 85

Bin ich hoffnungsvoll? Ja. Bin ich verzweifelt? Ja. Und beides gehört zusammen: Ich bin hoffnungsvoll, weil ich verzweifelt bin. Ich bin hoffnungsvoll, weil ich daran denke, was Einzelne tun können, im Bösen und im Guten. Und das gibt mir starke Gründe, für diese Hoffnung zu arbeiten. In meiner Tradition wissen wir, was ein einzelner Mensch tun kann: Abraham oder Mose, oder Jeremia – wenn es auch Jeremia nicht sehr gut ergangen ist. Ein Einzelner kann Gutes oder Böses bewirken, ein Einziger. Vielleicht kann er nicht die ganze Welt retten, aber ein Einzelner *kann* retten, mindestens verbessern. Deshalb bin ich hoffnungsvoll, vor allem wenn ich an diejenigen denke, die wir »die Gerechten unter den Völkern« nennen. Es ist für mich eine Quelle der Ermutigung und Stärkung, wenn ich an diejenigen denke, die Widerstand geleistet haben, die bewiesen haben, dass es aufgehalten werden kann, jedenfalls für einen Augenblick. Wie könnte ich das Recht haben, ihre Hoffnung nicht zu beschwören.

Wer meine Legenden hört, stellt sein Leben in Frage

Ich glaube, ich weiß eines: Niemand hat das Monopol über die Wahrheit. Wir haben jeder unseren eigenen Weg, der zur Wahrheit führt. Und was wir tun können, wenn wir auf unserem Weg gehen, ist, unsere Hände auszustrecken und mit jemandem gemeinsam zu gehen. Und das tun wir.

Wer meine Legende hört, stellt sein Leben in Frage

Eine chassidische Geschichte: Ein Schüler machte vor dem Rabbi Menachem Mendel von Kotzk die Bemerkung: »Gott, der vollkommen ist, hat in sechs Tagen die Welt, die man wohl kaum vollkommen nennen kann, geschaffen, wie ist das möglich?« Und der Rabbi fuhr ihn an: »Würdest du es besser machen?« »Ich denke schon«, stammelte der Schüler, ohne zu wissen, was er sagte.
»Du würdest es besser machen?« rief der Meister aus. »Aber worauf wartest du dann? Du hast keinen Augenblick zu verlieren, geh und mache dich an die Arbeit!«

Adam oder das Geheimnis des Anfangs 44

Zum Schluss noch eine Erzählung Rabbi Nachmans, die, wie alle, die er uns hinterlassen hat, von brennender, aber zeitloser Aktualität ist:
Es war einmal ein König, der wusste, dass die Ernte verflucht sein würde. Wer immer davon äße, würde verrückt werden. Also ließ er eine riesige Kornkammer bauen, in der er alles speicherte, was von der letzten Ernte übrig war. Den Schlüssel vertraute er seinem besten Freund an und sagte: »Wenn meine Untertanen und ihr König vom Wahnsinn geschlagen werden, wirst du allein das Recht haben, die Kornkammer zu betreten und dich wie vorher zu nähren; und du wirst dem Fluch entgehen. Dafür aber musst du nun durch die Welt wandern, von Land zu Land, von Stadt zu Stadt, von einer Straße zur anderen, und Geschichten erzählen, unsere Geschichten, und du wirst schreien, mit all deinen Kräften schreien: ›Liebe Leute vergesst nicht, es geht um euer Leben, um euer Überleben, vergesst es nicht, vergesst es nicht!‹«
Und der Freund musste gehorchen, er hatte keine andere Wahl.

Chassidische Feier 183

Die Osloer Erklärung gegen den Hass

An Männer und Frauen jeder Herkunft, Nationalität und Glaubensüberzeugung richten wir den eindringlichen Appell, ihre Kräfte zu vereinen, um gegen den Hass zu kämpfen, der die Menschlichkeit des Menschen auszulöschen sucht.

Hass kennt keine Gnade für jene, die sich weigern, ihn zu bekämpfen. Er tötet jeden, der nicht versucht, ihn zu entwaffnen.

Eltern, lehrt Eure Kinder, dass Hass bedeutet, ihre eigene Zukunft zu verstümmeln. Lehrer, erzählt Euren Schülern, dass Hass die Negation aller Erfolge darstellt, welche Kultur und Zivilisation erreichen könnten. Politiker, macht Euren Wählern klar, dass – auf allen Ebenen – Hass Euer und ihr erster Feind ist. Erzählt denen, die zuhören, dass Hass Hass erzeugt, dass er nichts anderes hervorbringt als Hass.

Hass ist die Weigerung, den anderen als Person und als menschliches Wesen anzuerkennen. Hass bedeutet, ihn herabzusetzen, den eigenen Horizont zu begrenzen, indem man den des anderen einengt, ihn – und sich selbst – nicht als ein Subjekt mit eigener Würde, sondern als ein Objekt der Verachtung und der Furcht zu sehen.

Hassen ist die Entscheidung für die simpelste und törichteste Lösung von Konflikten, indem man einen Graben gräbt, in welchen beide, der Hassende und sein Opfer, hineinfallen wie zerbrochene, leblose Puppen. Hassen heißt, Kriege zu entfesseln, die aus Kindern Waisen machen und Alten, voll Kummer und Reumut, den Verstand rauben.

Religiöser Hass verdunkelt das Antlitz Gottes. Politischer Hass fegt die Freiheit der Menschen hinweg. Auf dem Gebiet der Wissenschaft stellt sich Hass unweigerlich in den Dienst des Todes. In der Literatur verzerrt er die Wahrheit, pervertiert den Sinn der Geschichten und versteckt die Ästhetik unter einer dicken Schicht aus Blut und Ruß.

Heute, an der Schwelle zum einundzwanzigsten Jahrhundert, müssen wir all dies den Männern und Frauen erzählen, die sich nach einer Zukunft so strahlend und lächelnd wie die Gesichter unserer Kinder sehnen. Wenn wir nichts unternehmen, wird sich der Hass gemein und voll List in ihre Münder und in ihre Augen einschleichen, wird die Beziehungen zwischen den Menschen, Nationen, Gesellschaften und Rassen vergiften. Wenn wir nichts unternehmen, werden wir dem nächsten Jahrhundert die Botschaft des Hasses hinterlassen, welche die Namen Rassismus, Fanatismus, Fremdenhass und Antisemitismus trägt.

Demokratie heißt Dialog. Das eine ist ohne das andere nicht denkbar. Zusammen tragen sie zu jener »Brüderlichkeit der Nationen« bei, die Alfred Nobel in seinem Vermächtnis als die einzige Hoffnung des Menschen auf Frieden und Überleben bezeichnet.

»Wir appellieren an alle Regierungen, Organisationen, Medien und Erziehungseinrichtungen, geeignete Maßnahmen zu finden, um den Geist dieser Osloer Erklärung in die Tat umzusetzen und Wege zu suchen, die die Menschheit von Hass und Gleichgültigkeit gegenüber Hass befreit.«

Über Elie Wiesel

Elie hat den Segen und die Last des Überlebens auf seine Schultern genommen. In Worten und Taten hat er Zeugnis abgelegt und der Erinnerung ein Denkmal errichtet, um die Lebenden und die kommenden Generationen die Gefahren menschlicher Gleichgültigkeit zu lehren. Er hat oft gesagt, ein einziger aufrechter Mensch könne schon etwas bewegen. Für viele war er so ein Mensch – so 1993 bei der Einweihung des Holocaust-Gedenkmuseums, als er mich drängte, die ethnischen Säuberungen in Bosnien zu stoppen; bei dem White House Millenium-Vortrag, zu dem Hillary ihn eingeladen hatte; und in all seinen wunderbaren Büchern und Vorträgen.

Bill Clinton, ehemaliger US-Präsident

Seine unvergesslichen Bücher haben ein eindringliches Zeugnis vom Holocaust und dem Gesicht des blanken Schreckens abgelegt. Wie wenige sonst hat er unsere Aufmerksamkeit auf die Seuche des Antisemitismus gelenkt. Und er war einer der standhaftesten Verteidiger der Opfer von Hass und Fanatismus in vielen Teilen der Welt.

Kofi Annan, ehemaliger UN-Generalsekretär

Elie Wiesel und ich haben mit anderen Nobelpreisträgern an einer Verständigung zwischen Konfliktparteien gearbeitet und daran, die Welt durch Dialog und Versöhnung friedvoller zu machen. Wir werden seine teilnahmsvollen, weitherzigen Beiträge zu unseren Diskussionen vermissen.

Der Dalai Lama

Elie war nicht nur der prominenteste Holocaust-Überlebende der Welt, er war ein lebendes Denkmal. Nachdem wir zusammen unter dem Stacheldraht und den Wachtürmen von Buchenwald entlanggegangen waren, wo er als junger Mensch gefangen gehalten worden und wo sein Vater gestorben war, sagte er Worte, die ich niemals vergessen habe: ›Die Erinnerung ist eine heilige Pflicht aller Menschen guten Willens.‹ Es war Elies Lebenszweck, diese heilige Pflicht zu wahren.

Als Schriftsteller, Redner, Aktivist und als Denker war er einer der Menschen, die die Welt als Welt-Bürger mehr verändert haben als die Inhaber von Ämtern oder hergebrachten Machtpositionen. Sein Leben und die Kraft seines Beispiels drängen uns, besser zu sein. Im Angesicht des Bösen müssen wir unsere Fähigkeit zum Guten aufbieten. Im Angesicht des Hasses müssen wir lieben. Im Angesicht der Grausamkeit müssen wir voller Einfühlung und Mitleid leben. Wir dürfen Ungerechtigkeit und Leiden niemals gleichgültig gegenüberstehen. Stellen Sie sich nur einmal vor, wie viel Frieden und Gerechtigkeit in unserer Welt möglich wären, wenn wir alle ein bisschen so lebten wie Elie Wiesel.

Barack Obama, Präsident der Vereinigten Staaten von Amerika
(zit. in: The Jerusalem Post, Sonderbeilage August 2017, S. 17 f.)

Er war ein einzigartiger Lehrer. Er hinterließ eine Spur in der gesamten Menschheit, er konnte nicht übersehen werden. Er erlebte die Schrecken des Holocaust am eigenen Leib, den Hass der Nazis auf das jüdische Volk und die Qualen wahrer Angst und Furcht. Aber trotz des unaussprechlichen Bösen, dessen Zeuge er wurde, entschloss er sich mutig, sein Leben kompromisslos für Frieden und Toleranz einzusetzen. Er verkündete seine Botschaft – »Niemals wieder!« – bis zu seinem letzten Atemzug. Dies ist sein Vermächtnis.

Elie widmete sein Leben der Erneuerung der Menschenrechte, verschrieb sich der Aufgabe, Blutvergießen zu verhindern und Rassismus und Antisemitismus in jeder Form zu bekämpfen. Er erfuhr große Schwierigkeiten, aber auch eine überwältigende Wiedergeburt. Dies ist es, wodurch er weiterlebt.

Elies Wunschbild einer friedlichen Welt lehrte uns, niemals den Glauben daran zu verlieren, dass wir jede Herausforderung meistern können, und dass Liebe stärker ist als Hass. Seine Stimme und sein Mut werden nicht nur für uns, sondern auch für künftige Generationen ein Symbol bleiben. Die nach uns kommen, werden begreifen, dass wahre Hoffnung auch in den dunkelsten Zeiten bestehen kann.

Schimon Peres, Neunter Präsident des Staates Israel
(in: The Jerusalem Post a.a.O., S. 5)

Elie Wiesel verkörperte die Entschlossenheit des menschlichen Geistes, die dunkelsten Teufel zu bezwingen und allen Widrigkeiten zum Trotz zu überleben.

Reuven Rivlin, Zehnter Präsident des Staates Israel (ebda.)

Wie jeder gute Schriftsteller lehrte er nicht, er stellte dar. Doch als Leser(in) spürt man dahinter die Autorität einer heiligen Schrift, die von Vorschriften strotzte, die man nicht akzeptieren, aber mit denen man sich auseinandersetzen musste. Wiesel setzte sich auseinander, sein Leben lang, nicht nur mit den Menschen, sondern auch mit Gott und seinen eigenen Zweifeln an diesem Gott. Darin liegt, meine ich, die Intensität seines Werks, das ihn lange überdauern wird.

Ruth Klüger, in: »Die Zeit«

Er verharrte nicht im Vergangenen – obschon er im Holocaust seine Familie verlor. Er verzweifelte nicht an den Menschen – obgleich er in den Konzentrationslagern in die tiefsten Abgründe der menschlichen Natur blickte. Er kämpfte bis zuletzt leidenschaftlich gegen Hass, Intoleranz, Gewalt und Unterdrückung. Dass nicht einmal Auschwitz die Menschen gegen diese Phänomene immunisieren konnte, ertrug er kaum. Doch gab er nie die Hoffnung auf. Für ihn war die unkündbare Erinnerung an die Schoah verknüpft mit der bleibenden Verantwortung in der Gegenwart. Sein Vermächtnis sind der Kampf wider das Vergessen und das Wiederholen, der unbeirrbare Glaube an die Menschlichkeit und der Appell, dass Antisemitismus, Rassismus, Homophobie und alle Formen gruppenbezogener Menschenverachtung in unseren Gesellschaften keinen Platz haben dürfen.

Charlotte Knobloch, Präsidentin der Israelitischen
Kultusgemeinde München und Oberbayern, in: Focus

Zitierte Quellen

J. B. Metz/Eugen Kogon (Hg.), Gott nach Auschwitz. Herder [3]1986; © North Western University Evanston, Illinois 1977.

Peter Raab (Hg.), Was meinem Leben Richtung gab. Herder 1982.

K. Schunk/R. Walter (Hg.), Anstiftung zur Zivilcourage. Herder 1983.

R. Walter (Hg.), Die hundert Namen Gottes. Tore zum letzten Geheimnis. Herder 1985.

R. Walter (Hg.), Lebenskraft Angst. Wandlung und Befreiung. Herder 1987.

R. Walter (Hg.), Lob der sieben Tröstungen. Herder [3]1984.

R. Walter (Hg.), Von der Kraft der sieben Einsamkeiten. Herder [2]1984.

Elie Wiesel, Adam oder das Geheimnis des Anfangs. Herder [5]1987; Original: Célébration biblique © Editions du Seuil, 1975.

– Chassidische Feier. Europa-Verlag 1974 (Neuauflage Herder 1988); Original: Célébration hassidique © Editions du Seuil, 1972.

– Gesang der Toten. Herder 1987 (darin enthalten sind die Nobelpreisreden von Oslo); Original: Le chant des morts © Editions du Seuil, 1966.

– Geschichten gegen die Melancholie. Die Weisheit der chassidischen Meister. Herder [3]1987; Original: Contre la melancolie © Editions du Seuil, 1981.

– Gezeiten des Schweigens. Roman. Herder [2]1987. Original: La ville de la chance © Editions du Seuil, 1962.

- Macht Gebete aus meinen Geschichten. Essays eines Betroffenen. Herder [4]1987. Original: Paroles d'étranger © Editions du Seuil, 1982.
- Die Osloer Erklärung gegen den Hass, verabschiedet in Oslo am 29. August 1990, übersetzt von Reinhold Boschert-Kimmig, publiziert in: Elie Wiesel, Den Frieden feiern. Mit einer Vorrede von Václav Havel, hg. von Reinhold Boschert-Kimmig, Herder 1991.
- Pforten des Waldes. Roman. Bechtle-Verlag, Esslingen 1966.
- Der fünfte Sohn. Roman. Herder [4]1987; Original: Le cinquième Fils © 1983 Editions Grasset & Fasquelle.
- Wer meine Legenden hört, stellt sein Leben in Frage; Nach Auschwitz haben die Worte ihre Unschuld verloren. Zwei Vorträge bei einer Tagung der Ev. Akademie Loccum im Mai 1986.